Rul

A Sudoku grid consists of 9[illegible] and the cells are divided into 3x3 boxes. The goal is to fill in the empty cells so that **each row, each column and each 3x3 box** has no repeat digits from 1 to 9.

Here is an example of a solved puzzle:

4	8	2	3	6	7	1	5	9
9	7	1	5	4	2	3	8	6
3	5	6	9	8	1	7	2	4
7	2	3	8	1	6	4	9	5
5	1	4	7	2	9	6	3	8
6	9	8	4	3	5	2	7	1
8	4	5	1	7	3	9	6	2
2	3	9	6	5	4	8	1	7
1	6	7	2	9	8	5	4	3

P.S. If you have a moment, your review on Amazon would be appreciated.

Copyright © 2021 BRAINWHALE
All Rights Reserved

Puzzle 1

2		5					9	
	7			2			8	
8			3		1		2	
		8		4		9	3	
	5		6	9	2	4		8
9		2		8	3			
		3	2		6		4	9
5					8	7	6	3
	8					2	5	

Puzzle 2

5		9		7				
1	7		6					
6		2					1	
3						9		4
						8	7	3
			7	3	9		5	
7	6		3			4	9	5
8			4	1	5	7	3	
2		3		4		7	8	1

Puzzle 3

6				3	7	8	9	
	3			6				
4				5		3		
1			8		2	5	4	3
3	4							8
			4	3	9			1
2			6					
9	1		3		7	8		6
		6			4	3	9	5

Puzzle 4

3		2			7	5	1	9
	7	4		1	9		8	
	9			8		2	7	5
2	5				6			
4		8						
		6		9	3		5	
	4	3				6		1
9				2				7
	2				6	4		9

Puzzle 5

	8		7	2	1	3	9	
6	9		3	1		2		
	1		4	8	9	7		
		3			9		2	
	2			6			5	
			2	4		7		
			9	3	8		4	
8					1			7
2		4	8	6				

Puzzle 6

			4	1		2	6	9
	9	4					5	8
	6	3				7		1
5			1					
			6	4			5	
9	4					3		6
4		5	9	2	1			3
				6				4
		9	3		4	1	7	5

Puzzle 7

	2	7		1		5	3	
		6	5				4	8
		8			3		1	
8	5					3		2
	3		9	5	2			
4	7	2	8					5
	8			2		4		7
7			3	8	4			1
			1			9		3

Puzzle 8

		4	9	8	5	7	3	
7			6			5	8	4
8		6		3		1		
3	7	2					4	5
			2					
		1	3		8			
	6				2		5	3
1			7	4		6		
	8		5			2	1	7

Puzzle 9

				9				6
7	9	6		4		8	1	
		8	6			7		
				5	4		7	
	5		1		6		3	8
		3		8	7	2	4	5
			4				8	
			2	9	5	3		7
	6		7		8	5		

Puzzle 10

1								2
2				1			5	
		9				8		3
			9	5	4	3		
7	5			9		1		
6	3				7			9
4	8		7		6		2	
	7			2		5	9	4
9	2	5	3		4		6	

Puzzle 11

	5		2			9		7
		8	7	5		6		
	6	2		4				5
			4	2	6		5	
				1	5	4		
	4		9		7	3		2
8		4		7		5		
6	3					2	8	
5			8			7		6

Puzzle 12

						9	4	7
1				4		6		5
	8	7		9	5	2		
8	6	4		7	3			
9		3			4		7	
	5		9	6	8			
	7	6			1	4		2
	4				6		5	
5							6	3

Puzzle 13

		3				6	8	4
8			4		7		3	
		9		8		1	2	
	6	2	7	4			1	5
5			1		3	4		
7	1				5			3
6						3		1
9				5				
2	4	1	6	3			5	8

Puzzle 14

		6						
		1	6	4	8	5	9	2
			9			4	1	6
2	7				1	6		4
		5	3					1
	9	4		8	6			7
4		8		6		1	3	9
				1	9		4	
		9				7	6	

Puzzle 15

		1		9		5	4	
9					8		7	3
	5	3	6		4			2
		8	4	2				5
6	1	9						4
4			3	6				7
1				4		7		
		7	1		6	2		
5				7		4	3	1

Puzzle 16

	5				2	7	1	
		9	3		4	6	2	5
8		1	9		7			3
		7				1		3
5		2				4		
	1	4		9	8	5	7	
6				8	9	3		
						8		
2	4	8					5	

Puzzle 17

	3				7	5	1	
		7	5		8	3		
			3					4
6	9	5			4	1	7	
1		3	4	6	7	2	9	
	1	8	2					
3	7			4			6	8
5				1		9	7	2

Puzzle 18

	3		4	2		5	9	6
1	5	9		6	3			
		4	7	5	9		8	3
	2							
4	9	6			7			
				4	6			
	8		6		4			7
6	4	7		8				
		5	3	7	2			

Puzzle 19

	2		6		7	4		
	7	3	1	4		8		
6		4		9			2	
1		9	5		8			
	5		4	2		6	3	
		6	7	8	3			9
	6	5	2		1	7	8	
	8	1			2	9		

Puzzle 20

4	6	8			2			9
	5							
		9			7	8		2
		7	1	2	4		9	
	5	1	8	6		3		
6	9	4			3	2	8	
	4		9					3
	1	3	2		5		7	
		6						8

Puzzle 21

	7		6					8
	9	2						
8		6		1		2	4	9
		5	1	8	9		7	
1	8		2	7	3			
9	3	7		6	5			
2					8		7	
	1			6	4			
5		9				1	3	

Puzzle 22

	6	8	3		5	9		
9				1		6		
5	1			6	2			
	8	9	1	7		4	5	
6		1	2		4			
4	7				3		8	6
				2	9	5		
	9	5	4					
			7				3	9

Puzzle 23

	9	3			1			8
	5	4		3		1		
2					5		4	
3	6					9	5	
5	2		6			4		1
4	8	9		1	7	6		
		2		5		3	7	6
8			4					
1		3						4

Puzzle 24

	4		1		2			
3	9					1	8	6
1	5					2	7	4
	2		4	1		7		8
5			8			4		2
	8							
2		1	5		8		4	
8			3		1	5		7
		5	2			8	6	

Puzzle 25

2			8		7		4	
	8	6		2			9	
	5		9	1	4	8	6	2
7		9	1					
6				3			1	9
	1	5	6					
5	2	4				6		8
			4		6	2		
	6	8		5				

Puzzle 26

				1				7
8					3			9
	9	2	5		6	3	1	
2		6	9		8			
5		7	2		1		3	8
1					7			6
4	7				5			3
	5		8		9			2
9		8		1		7		

Puzzle 27

			7		3	2	5	
2	3		5					
		4	8	3		1		9
7		3						
6			3	7	9			
	1			8		7		
	5		1	2	8	6	7	3
8		7	4	6			9	
3			5	9				

Puzzle 28

3	8	5						2
1	4					8	9	
			1	8			5	6
9			2	4	1		8	
	3	2	9	5		7		
	1				7	2		9
			1				2	
2	7	8						
6					2	5	3	8

Puzzle 29

	6	5		3				
2	1	9	6					8
	3		2	9				
6		8						
		2	8				9	3
	5	3	7	2		6		
			5	7	2		6	
5		6		4	3			1
9	2				6	3		5

Puzzle 30

	1				5	8	2	
			3				4	
			4					
	8		9	4		7		
		6	3	8	7	5		
3	9		5			4	6	
	3		6	7	4	2		5
4	2		8					
7	6	5	2		9	3		

Puzzle 31

2		5	1	9		8	4	7
4				8			1	3
6			4			2		9
			3	5	4	9	6	
	4	1				7		8
		3	8		1			
				4		5	8	
8	5	4	2	1				
				8				

Puzzle 32

		8		3				
			8		9			1
9				7	5		8	
6	8		2				4	
3	7					5		2
1	2	4			3	6	9	8
	1	6				9		
	5	3		2	7	1	6	
4			3	1				

Puzzle 33

5			8	4	1	3		
				9			2	
7		3	2	5	6	9		
1			9	6				
8				1	3	6	9	
9			7					1
			1			7	5	
2			4	8	9	1	6	3
	1	9			5			

Puzzle 34

4			5				9	1
9					3			4
6		7		4	1	5		3
5	7				9			
	4	9						
3					8	9	7	2
2	9		8			1		6
							3	
7	6	4	1	3	5	8	2	

Puzzle 35

8				6		4	3	2
			3	8	2		7	5
	5		1				6	
						6		
	9	3			8			7
2	4				9	5	1	8
		9		5			8	
	3	8	2	9	6	7	5	
5	1	6	8			9		

Puzzle 36

					7		4	6
6		4		1	2		5	
8	5			6	4	9	1	
								4
			6	4	1	2		8
4					8		6	
7	4			3	5	6	8	
9						4	2	3
		6		8		5		

Puzzle 37

		1		5	2			7
5	7			6	1		2	8
3	2	6	7			1		
	1		2		6		9	5
				9				4
				5				1
	4				9	1		
	3	9					4	6
1		5	8	2	4	9		

Puzzle 38

		3	4				5	
9		1		3		7		6
		2	7		9			
1		4	3			6		
7			2	1	4			3
		8	6			1	4	
			9		6			1
	6	1	8		4			
	9	5	7	3		6		

Puzzle 39

6			7	8	9		5	
		8	5	1	2		7	6
			3		6			
4					1			
2	9		3	8	5			7
1		5		6	7		3	
	5		6					
	6		8		1	7	2	
		4	2	7				

Puzzle 40

	3	2			9			1
7								3
		1	6	7	3		5	
	9	7			8	5		
8	2	6		3		4		
4			7					9
3			2		7			6
	4	8		9	6	3		5
		9	3			1		

Puzzle 41

	6			9	7	5	4	
	7	3		1				
4	5	9	6				1	
5	2		3	9	6	1		7
		7			8			3
	3	8		4				
	9	2	4		5	8		1
								5
1		5			2	3	6	

Puzzle 42

4		9			1		8	2
	7		6		5		9	
		6	8				4	
	1		9		7	2		8
7	2				6		5	9
	6			8				1
5		1	7				2	
2	8			9		3	1	
	4		2					

Puzzle 43

	3	8		5		4	9	
2	4	9		7	3	5	6	
6		7	3	9			1	2
	6			4				
4	8	1	5	6		9	7	3
9			4					1
			1		2			
						3		
7					6			5

Puzzle 44

8		4		5			6	
	9	7		4	3	5		2
				7				1
			7	6	5		3	9
6		9	3	2	8		1	5
3								8
		1	5		7			
9		3					5	7
7			9	3				4

Puzzle 45

6		7	3			5		
	4			8	3			2
8				7			6	4
			8	9	3		1	7
			4		5			9
				1	7		8	5
9			3			6	1	
2					4	1	9	6
5					8		4	3

Puzzle 46

	5		3	7			9	
	9		5	1	4	6		8
4		3				8	1	
6			8				2	
	7			5				6
8					2	9	1	
	2	4					7	8
7	8							
9	3			8	1	5	2	4

Puzzle 47

2	1					8		4
	3		2	1		7	5	
	5	7	8			1	2	
7	8	5					9	
1		4				3		
						4	1	5
	7					3		
	2	3	6	7			4	
6	4			3	5			8

Puzzle 48

		5	8	2	1	3		
	8					3	5	
3	2	4		6	5	8		9
	6	9	1				3	
		8				9	2	1
			5	4	9	7	8	
		3						
4						6		8
9		6		5				3

Puzzle 49

7			4	9		8		
9	5		7	1		6		2
		1				9	7	
3					1	5	6	
					4	2	3	
	7		5	3		4	8	
		7		4		3		6
	2				7	1	9	
6	3		1			7		

Puzzle 50

	7	1	2				3	
	2	4	3	1				6
			6	9	7	2		1
		3		6		1		
1	9		8			2	7	
8		7				1	3	5
	8		5	2			1	
4		9			6	8		5

Puzzle 51

6				3	8			
1		8	4	9	2			6
	7		6			4	3	
			5	2	6	1		
5		4	9					3
2	8		6		7	5		
			9			1		
7		6	3			9	8	4
	2			7			6	

Puzzle 52

8		9						7
		1				5	8	
2								
		4	6	1		7	3	8
		3	8		7			1
				2			6	5
4	9	2		8	5			
7	1	5			4		9	
	8	6	9	7	1		5	

Puzzle 53

	6		5			3	2	
9				3				7
	2	3	9	7		6		5
6	4	2	5					3
8	1				3			
		9	8			7		1
	6	1	3			4	2	
2						3		8
3	9		7			1		

Puzzle 54

7	2		8			4		3
	1		7	4	2		5	
	4	5		1	6		2	7
3		8	9					2
				2				
		9	1			7	8	5
	8		2	7	3		9	
					5			4
6	3		4		1			

Puzzle 55

8		3			5		2	
	6		8	5		3		
	7			3		4		8
7		6	2	8			4	1
2		8	4	9				
				6				3
5				4	1		8	6
	8	4		7	6			
6	9				8			4

Puzzle 56

1		9	4		8			5
		2		6	9	1	7	
7			1			9		8
	8	3	7					2
5		7					1	3
		1	3				8	7
3				5				1
		8	2		3	7		
2					7	8		9

Puzzle 57

		9			7			
1		2	3		8		4	
9		6		4		2	5	
8	6	4	5	2				
7			6	1		4		
5	2	1		9	4	6		
		8		5				
		9			6	3		
4			8	3	9		6	

Puzzle 58

	4	9		1	6			7
	3	1				6		
2		6			5	9	4	
4								
9	8			5	2		1	6
	5	3	6			7	8	2
	9	4		8		2	6	
6						8		
	2						5	9

Puzzle 59

		2		8	1	6		
		8						
	5	4		2		8	3	
2	6	9	8			4	7	
	7	3		6	4			
	4	5					1	
				6	3	4	8	
4	9	6	3	8		7		
3	8				6			

Puzzle 60

5	1		6	8				
9	8	6					4	1
	3	2			9	8	6	
3	2	8		6			7	
						6		
		4	2	7				8
				3	6	7	8	1
		1		9	7	5		
	5			2				6

Puzzle 61

1		6				4	3	7
9			7	6			8	1
		5		3				6
	4	3		7	5	8		
2	1							5
	5	8			9			
		1			6	7		4
4	9			8	7		6	3
3			1	2		9		

Puzzle 62

	4				1	9		2
	9			4		1	5	3
	8	1	9		3	4		
4			5	1			2	
5		2					3	4
	7				4	8		
7	5	9				2		8
	6	3	4					
	2			7			9	

Puzzle 63

					3	7		
8	7	1	2					
6	3			4	7			
7	4		5				8	9
1	8	6	7			4	5	
	9		8	6	4	1		
9								5
	1	8	4			2	6	
		5			8		3	

Puzzle 64

	7	2		3	4			1
5						2		6
	1			6				4
	8		3	9		4	1	
4			8	7	5			
	3						8	
3						5		7
1		7	6	4	8	9	2	3
2			7			1		

Puzzle 65

7			4	9	1		3	
8	3		2			1		
					7			
2	7	9	1	8			6	3
			6	2	7			
6			3		9			
			7		4		2	
	4	7		6	2			1
1		2		3	8	6		

Puzzle 66

8	5	9			6		3	
	2	3		8				
		6		3			9	
	4	7		2				3
6		5		9	3		7	
				4	7		8	
	9			7	2		1	6
2					1	8	4	
		8		6		9	2	

Puzzle 67

5		4	6	8	7		2	
		8	9			4		
	9	1					6	
4			3	5			8	6
		3	8					4
	7	6	4	2		5	1	
				6		8		5
	8				5	6	4	1
	4		1					

Puzzle 68

	8	1				7	3	6
					6			5
5	6		1				4	8
1	4		7				2	3
	2	6			4	1		7
7	5	3		1	2		9	
						8		2
		5	2		1			
	9		6					1

Puzzle 69

1				9				5
		4		8	1			6
8	3		7					2
	8		9	5	6	1	7	
		3				4	5	
	5	1			8	6		9
	4	8	6				9	
3		9			5			
2	6					5		4

Puzzle 70

7	8		3	1	4		6	9
	2	4	7	6			8	
1		9	5		8			
	7	8	1	3	2			
2	3						1	
5					6			7
9				4		8		
				9				
6		2		7	5	1		3

Puzzle 71

7			1		5	2	4	
6		2		7	4	1	9	3
	4	3			9	7		
	6	7			2	5	3	1
				4				9
8		9			6			
		1				6		
9		4		2			1	
				1	8		7	2

Puzzle 72

3	2							
1		9		3	8		4	2
	7				2	9	8	3
9		7	1				2	
	3					7		1
		1				3		
6				9			3	
4				7		6		
7	9	3	8	2		4	1	5

Puzzle 73

	7		6		2			
				9		1	7	2
4			7				8	6
9			8			2	1	5
3						4	6	
	5	6					3	8
5	3		2		6	7		
		2			8		5	1
6	1			5	7			3

Puzzle 74

		3		9			6	8
	9	2		8				3
7		8	5		6	1	4	9
						4	2	
								1
2	8				5	9		7
	6	2	1				9	5
	9	5	6	2			7	4
3		4				6		

Puzzle 75

5	7	8	4		1		3	
3				8	9			
		1		2	3	6	5	8
2	6	4	3	9			1	
		1			8			
7			1			3	4	
				1				
1						2	8	
8		2		7		4	6	

Puzzle 76

	6	2	1	4		3	9	
1				2				4
				6				
9					1	4		
	1				6		8	2
3	2	8	7	5	4	6		9
		8		5				3
5	4			9				8
	3	7	4			9	5	

Puzzle 77

4	7			5	1			
	9	2					3	5
		5						4
5	2		6	8			4	
3			7		5		8	
	8	6	1		3			
	6	4	5	3				
2			9	7		4	1	
7		9	2		4	5	6	

Puzzle 78

	9			1		3	4	
	5					2		7
2	6		7	3	5	8		9
6	8	2	9	4	3			
5		9					2	
				1				
	4		3	5			9	2
	2	6				7	5	8
	5			2				

Puzzle 79

	2			6	8		4	
						5	2	
5	3			4				
7	5		3	9	4		8	
		2	7			9		4
3						7		5
2	6		8	7		4	5	9
4	9					1		3
				3	9	2		

Puzzle 80

		8			3	2		
	5	4	7				8	
				9			5	
6	1	9	2	7				
	7	5						4
4	8	2				9		
5	9	1	6					3
8	3	6		1		5	9	
			3	9		6		8

Puzzle 81

9	3	4	6	8				
2	8						9	
1	5	6		7	9	3		
5	2	3			6			1
	6				4	5		9
	4				5		6	
6		8		1	7		5	2
	7		4				1	
4								

Puzzle 82

						8	9	
5		9	8			4	2	6
2			9		3	1		7
	9	7		4	5	3		
8		2				5	7	
	5		7		8		4	
	7			5	2			4
		5	4			7	1	
	2						8	

Puzzle 83

			1		9			
7		3				2	1	
1		9	2	4		7		
3	2	1	8		9	7	6	4
	6	4		3		8		
	7		4		6	3	1	
		7				1	3	
6		8		7		2		5
5								

Puzzle 84

	7	2			8	4		1
6			2		1			8
				3			6	5
8	2			1		7	5	
	6	1	4		3	8		
	9		8	2				6
			3					
2		7	9			6	1	
		8	9	1			3	

Puzzle 85

	7			8				1
9		2		7		5		
1	6	8						
		6	1		3		8	9
			2		7		4	
7		1		4	6			
6		7			9	4	1	5
8	5			1	4	6		
	1		5				9	

Puzzle 86

4	8	7					2	9
	9	1						
		6		8	4			
			1		3	2	8	4
				2	6	9		5
		4	8	7	5	1		
	3		5					
8	5				2		6	
1	4		3		8	5	9	7

Puzzle 87

4		1	9		6	7	2	
3	7				4	8	6	
	8				1	9		4
8			3		5			
5						6	3	
			7			5	4	8
	2					1	7	6
				9	7	3		
		3	8	1				5

Puzzle 88

		3						
	9	4	3	7				8
			8		9			
	3		9		1	8	5	
	5	8			3			1
7		1	5		6	2	9	3
	9		1	6	4			
1	8			5		9		6
			3			4	1	

Puzzle 89

2				1		5		4
				9	5			
				2	4			7
3			7			9		2
8			2	3			4	
6	7		5		9	8		3
	3				2		7	9
1		6			3	2	5	8
7						1		6

Puzzle 90

		5	9	2				4
			1	7	6		9	
	9				4	2		
5		2	7			1		8
	8		4	1				
		4	6	8	2		5	
			3	6	9			1
9	5		8			6		
8				5	1			9

Puzzle 91

4		7		6		8		3
5		8		7	1	2		
3	6	2	4			7		1
				3				5
9	8				4			
	7		2		8	6		
6		4					1	
	5	9	1		6			
8	2	1						6

Puzzle 92

	7	4			5		8	9
5	2	9		3			7	6
		6	9	7		5		
		2	5	9	3			
1					7			5
				1		9		2
	8	1					2	
	4				1			
2		7		4	9	6	5	

Puzzle 93

4	1				6			
		2		4				
7		6		2	1	8		
1	8				6		2	
		9	1					7
5		4	7		2			
2	7		4		8			6
	4	8		1	5	2		
		1	2		7		3	8

Puzzle 94

3	1	6	4			8		
		8	3		6			
4		9	1	8				6
6	3				2	9	1	
2	8	5	9	1				
	7	1				5	3	2
1				5				
5			8	9	7			
8		3					5	

Puzzle 95

3		8			7		4	
		5	4	7	6	1	8	3
	4			8		6	2	
	7							6
	3			4				
2	8	9		5		3		1
		2	3	4			1	7
	9		6		8	4		
	1	4				2		

Puzzle 96

	6	4	9					1
	1		7		9			
	9			8				
9	2	7	3		1	6	5	
5			1					8
	7			5	9		3	2
6	1		5	2			4	7
	3							9
7	2				1		5	

Puzzle 97

					3			
5	8	3	7					
4		7	8			2	1	5
6		4	3		7			1
	3	5		1	2	9		
	2			9			4	3
	7		2	5				
2			1					7
	5	8		7		1	6	

Puzzle 98

4				8				5
8	2	5		3	7	6	1	
		7			5		8	
	7	6	1		4	8	3	
	8	3						
1	4	2		8		5		9
					9		2	
3	6	1			8		9	
2	9						6	8

Puzzle 99

			2		1	7	5	
2	5			7	8			
	7		5		4		2	
	2				3	5		
8			5		7	2		
		5		9		8		
	6	7	1		3			
	8	9	7	4				6
	4	2		8	5		1	

Puzzle 100

4	7		3	1	8			
8				6				
	6	3		2		1	8	4
5		7		8		9	6	1
	8		6					
		9		3	7			2
1		8						
3	2		8	4			1	9
7				5		4		

Puzzle 101

		1	7		9			
	7	4	2					9
8	5		6					
	6	3			8		2	4
7	4	2	9	1		5		3
	8	5	4			9		7
		7					1	2
		8	1	6				
5	1			2				8

Puzzle 102

	4		7				3	5
3						7		
			6	3		4		
	3	1		5	9		4	
		8		7		2		
	5	7	8		3	9	1	6
	8		4		5	6		2
5		4					3	
	6	9			2	5		4

Puzzle 103

2			4	3	5	1	9	
1		9			7		3	
5							6	4
3	9							1
				9			5	6
		5	2	4		3		
	3	1	5		9			
	5			8	4	7		3
		6		7	1		2	5

Puzzle 104

		6		7		8		
	1	2			9	4		
5	8	3					9	
				9		6		
3	6	9	4					7
8				5			1	9
6	5	1			3	9	7	2
			8		1		5	
9	3	7					4	

Puzzle 105

			4	3	1	8		5
7			2	5	6	4		
5	4			8				6
8			7	9	3	1		2
1					5	3		
			8				6	3
		3		6	9	7		
9	1		3	7	2			8

Puzzle 106

4		8	6			1		
		2				4		
	1		3	4				
	6	5					1	
1			9		6		4	
8	4	9				2		
	5	7			1		2	8
6	9	1		2		3		
2			7	9	3	6	5	

Puzzle 107

4	8						7	
				7		8	1	
		9	8	1	5		4	3
	2		1	9			3	8
9	3	5			8			
	4				6			
5				8			2	4
3			5		7	1		
8	6				1		5	7

Puzzle 108

7	2							5
4							6	
	1	5	7			8		
3					4			6
	8		5	3				7
		4	1		2			3
5		9			1			8
8	7	1		5	3	2		9
	4	6		8	7	3		

Puzzle 109

9	5			6	7			8
			8	9		7		1
8	7							
		7			1	8		6
				7				
1	8	3	6			4	9	
5	1		3		4		7	2
		6	5		9			
	4	8				9	1	5

Puzzle 110

				4			8	1
8	2	7	1	5				
3			9		7		2	
5						6	7	
		2				1	4	
4		6	7	1	9		3	5
	7	4	5		3	8	6	
			2	7				4
			8	6		9		

Puzzle 111

	2		6		1			7
	4		7				3	
1						4	6	5
3	6	5	1			7	4	
7				6	9			8
	8			3	7			6
		1	9					4
	9	6	3				2	1
8		7	2					3

Puzzle 112

6	9				8			
		2						
4				6				5
		8	2			9	3	
		4	8	9		2	6	
9	2		4	1			5	7
2		5		8		4		9
		9		2		5	1	3
1		3			7	6		

Puzzle 113

9		7	4		8	6		5
	3	5	1			4		
	1	6						
2			5	9	3	7		1
			8				9	4
1				7				3
3	9	4			1			
5	8				6		7	
			8	5		4	2	

Puzzle 114

3			1	4			7	6
	7	1				2	9	
9	6		5	7	2			8
				4		6		
		3				8	2	9
2	9		3	6			5	1
1	5		4					
		9	2			7		
7			8			9	4	

Puzzle 115

	2				6			8
		7		6	1		3	2
	5		2	3		7		1
	6	5		8	9	3	2	4
4	8	9	3	2		5		7
7				5				9
			1	7	9	8	5	
				3	2	7		

Puzzle 116

8		6			2			
			1	9		8	5	7
	5		3		1		6	
2	1	9	7	5				3
					1		9	
			6	9		1	2	5
6	8	7			9			
		5	8	6	7			2
					5		8	

Puzzle 117

				4	9	6		
		8		1				2
	6	8		2				
			4		7	8		6
			5			7	4	9
		4		8	6	1		
8				9	5	7	4	
			7	8	2	9		1
9		7	1		6	8		

Puzzle 118

6		8	3			9		
7		9	2		1			
	1	5	9	8	7			4
9			8					
2		3		9	6	7		5
	7		5					8
8				2			5	6
		2			8			9
		1	6	3		2		

Puzzle 119

	8	6		4				
9			3		4	8	1	
3	7	4	1	5			2	6
	6			2	1			8
	3				7			9
		5	9	7		6		3
2								4
6		7						2
4	9		2	7		6		

Puzzle 120

	6		2					
	5					8	9	
3		1	4		9			5
		8			6	4		3
6	3						2	9
7	9	4	1		2	6	5	
			6	5		4		
	4		2	9	7			
5			3	4			8	

Puzzle 121

6			4	9		7		
		5				2	4	9
	4	9	3			8		
4	8	6		7		3		
	7	1		3	8	4		2
		2			4	6		7
8		7	1			5	2	
			8			9		
	5				7			

Puzzle 122

			2			9		1
	3			1			5	
9		8	7				3	
6	2	9						3
3	4					8	9	7
				9		2		6
1	9		4			7		5
2	7							4
4	8	6	3		7			9

Puzzle 123

8			9	6	5	4		7
	3	7		1			6	2
9	6	4			2	1	5	8
		8			4	2		
6	9			2	7			
2				3		6		
	8					7		
				8		3		
	7	6			1			5

Puzzle 124

	2		4	8		1	3	
			5	1	2	8		
			6	9			4	
4	5	3	7	6	1		2	
		8	3	2		4	6	
				9				
8	9						1	
2	4		1		6	7		9
	1	6					5	

Puzzle 125

		8				6	9	
	4	5	3				7	
2			4	1				
4	9	2	6	5	8	3		
		1		4				2
	6				1			4
		6		2	3	7		5
	3		7	8			2	6
7				9			4	3

Puzzle 126

	1	7	9		5			
		4				7		
5			2	4		6	1	9
					2	1	8	7
8	7			1			5	
1		9	8	7			6	
	4				9		7	
	9		1					5
	1		5			3	9	6

Puzzle 127

		4		3				9
	3	8		1			7	6
	6		9			3		
4			1	8	3	5		2
3			6	5	2		1	4
		5			9	8	6	7
8		1	2					
				6	1	2		
	2	9	1			4		

Puzzle 128

	4	2	7	9		1	6	8
	5				1	9		
6	9				4		7	
8			9			4		
5				7	8	6	9	
	1	3	5	4			8	7
				5				6
4	6		8					
	8					7	3	

Puzzle 129

				1				
2		8	3	6				9
	7			4	2			1
1			2		9			
		6	7	9		5	1	
4	8		5				2	
6	3		4		8		9	
	4		6	5		1	8	3
			1				6	4

Puzzle 130

1		8		5	7	9		
9					8	3	7	
2	4				9	1		8
	1							7
				3				9
		6			2		8	
	7			9	5	8		1
	8		4	2	1			5
5	9	1	8	7	3	2		4

Puzzle 131

6								2
7		8						5
		9		6		4		
		1	5		7	3	2	6
				8	6	9		1
	9			2		8	7	4
8		5	1	7		2		
2	1		6	3	9			
				8			1	7

Puzzle 132

		3	1	8		5		9
		6	7	2			3	
			8				6	2
4						7		1
	8	7				9	2	
	3	5	2		7		4	
3				7				5
8				4		3	9	
7	5		6		3	2		

Puzzle 133

	4		2	5			7	8
2			3		7	4		
		7	9	8		2		
8	6			2				4
7	9	2	6				1	
1	3				9		2	6
				9			3	
		3			2	9		
9	8	6				4		

Puzzle 134

				1	4		7	8
		1	8	7		9		
					9	6	2	
4		5			3			7
				2	5			
3				9	7		6	
		9	7	5	8			2
1	5	3	9		2			
	8	2	3	6				9

Puzzle 135

	9	1			2	3	6	
4	2		9					
	6				1	2	4	
	4	6	1	3		7	2	
	5		6		7	1	3	
		7	8	2	4		5	
						9	2	
5	3				4			
6				9	5			

Puzzle 136

1	3		2				9	
	7	6	9		4	5	3	2
	9			3		7		
6		9		5		1		
4				8	6		5	
				4	9			8
	6	5		9			1	7
	4				1			9
9			4		7			

Puzzle 137

	3	2						
2				4				6
1			8	3	5	4	2	
5	2		4		8		7	
							6	2
8					3	5	4	
3	1	2		8	4	7	9	
		7		2	3	6		8
	5		7			2		

Puzzle 138

4		7	6					
	9			3				
2	3			5		4	1	7
	4		5		9			1
		3		1	6	7	4	
1		9		4	3		2	5
9			1	6		2		
		5			4			6
	1	4						8

Puzzle 139

6	1					3		
5	2	7			8		4	6
3	4	9	2		6		8	
	9	2			3			7
7				8	1	2	9	4
9			6	3			7	
2			3	8			1	9
	5							3

Puzzle 140

8		3			6			
				5		8	3	7
			4	3	8		1	2
2								
						1		8
	4			1	5	3	2	9
3				4	2	9	8	6
6		5	7			2		
4	8		9				5	1

Puzzle 141

	3	9	4		7	6		
	2		3	5			4	
8		4		9		3		7
4		5		8				
	6			4	3			
5	7			6	4	9		2
		8	2		5	4	7	
2	4		1	7	9	8		

Puzzle 142

1		9	2	7	8			
		8	3			2		
	3	2	5	4	9	1		
4	5		9					1
9		6		3				
				5		6	4	
6			4	9				3
			6	1	3	9		2
2				8	5			6

Puzzle 143

	8		1		2	5		6
	5			4	9	8		
		6		5			1	9
	9			1			3	8
	3	2					5	7
	7	5	2		3	1		4
7		9			1	4		
5						6		3
			5	2				

Puzzle 144

				3	1		4	6
		4	9		2	1		
						8		5
	5		3	1	7	2		
			8	2		6	7		9
		4	7	5			6	1
			9				5	7	1
5		3			8		2	6
6	7							

Puzzle 145

3	6						4	
9	8	7				6	3	1
			3	6		9		
4	2	8						
			4				5	2
1	3				2	4		6
8		2	6	3		5		
	4			2	9		6	
7		6			4		2	

Puzzle 146

5			7	6	1			3
6		1	4		3			
			8		9	1		
	4	2	1	3	7	9		6
		3				8	4	
9							1	2
			5	7	2		9	
7				8			3	1
		9	3				7	4

Puzzle 147

9		2		3		8		6
	7							
		5	8	7				4
			3	5	7			8
3	9	8	6	2		7	1	5
			9	1	8		3	
	2	3				4	8	7
	8	9	2			5		
							9	1

Puzzle 148

4		6		1				
		1			5	7		8
	5	7	2	4			6	1
8		5		2	1	6		
	7						2	
2	6	9		7	3			
					2	1		7
		4			7		8	
	1	2	3		6			5

Puzzle 149

8	5		2		3	7		
	9			5		2		
4	6			8	9		1	
	8			7				
3		6					5	2
			3		6	8	7	
2	1	7			8			5
9		5		2	7			8
			9	4	5	1		

Puzzle 150

			2	6	4	8		
6	2		7		3			5
7						6		
4		7				9	3	
9					2	5		
	6		3					1
8	3		9		6		4	7
1	4			3	7	2	5	6
	7	6			5		9	

Puzzle 151

8			9	2			7	4
			6	3				
				5		6		3
5		9		1				
6	1		3				5	
4		7		8		2	9	
1			2	7	5			9
	7					8	2	5
	2		8	6		1	4	

Puzzle 152

6	5	7			1	4		3
	2		8					6
	4	1	6		5			
2	7		5	6	8			
1						6	2	
3		5			4		7	
5	3		7				4	1
	9	8	4				3	
4	1				9		6	8

Puzzle 153

		9	5	6			1	8
			8			9		3
			9	3			7	5
6	7		4		5			9
8	5	4		7	9			
			3		6			4
	3	1	7	9	2			
5		6				3		
				5			4	2

Puzzle 154

			8	6				1
4	8	5			7	2	6	
7				2				5
		7	9			8	5	2
3		8	2		6		1	
	5			8	1	6		
	3				8		2	
	2		5					
8				4		5	9	3

Puzzle 155

	2	8	5	4	6			
		9			2			
1				9				2
5		1	6					
2	8		7	1		9		5
		6				8	3	1
8		7		2	3			6
	3	5	8			2		
4				7	5	3		

Puzzle 156

			2					9
		2	1		8	4	3	
	6	8		9		7		
8	2	5		1	6			4
	4	3	8		9		7	
6				4	3			8
2			9			6		
		6	3	5			4	
	3						9	1

Puzzle 157

	9		7	4	8		6	3
	5	8	1	3				2
					2	1	9	
	2	7	4	8	5		1	
				1		5	7	
5						3	4	
			8					5
	4		2			3	8	1
	3	9					2	6

Puzzle 158

8		6	9			2	3	
		3	8		6		4	
4			7	2	3			
				1	2			8
	7		4			9		
		4				6		1
	4	8		7				
	1		2	3		8	9	
9	3		1	8			6	4

Puzzle 159

9		4						6
3			8		9	1		
2		8		3				
4	8	1		9				
6	9		1			4		
		2	8			9		
				1		6		9
	4		7	6	2	5		8
7	2		9	5		4	3	1

Puzzle 160

						6		8
	8		6		3	5		
3				5	9			
4	9	2						
			5	4				9
8	1	3	5		6	4	7	
5			1	8		7	4	3
7	4	9	3	6				
1			7		4			5

Puzzle 161

8	6	4	7				3	5
9		7		8		1	6	
	5			3	4			7
		8		5		7		6
		3	4				2	8
					6	3	4	
						4		
7	4		9	1	2			
	8	5	3					9

Puzzle 162

		4					7	
6	9		1					2
5				7		6	3	
9	5		8	1	7		2	4
4	1		2					
	2	3	9					
	7			4	9	5		8
	4	9		5		2		
	6				1	9		7

Puzzle 163

	9	1			2			4
	4	2			7	8	5	9
		8	6	4	9			
			5		8			
	5			9	1	3	7	8
	7	4	2			5		
			9	2	5			
				8	3	4	2	
			7	6	4			

Puzzle 164

	3		8	4		5		9
		5		3				1
9		4			5		8	6
1		9	3			8		
	4	3	2					5
	2	8	1		9	7		3
	6			8		1	9	
4								
		2	4	1		6		

Puzzle 165

2		5						4
4	3				1		9	
9	6	7	3			5		2
8			4					
6		4			3	1		
	9			5	6			3
5	2			3	7			
				9	4	3	5	6
		9	8	6	5			

Puzzle 166

7				3		6	8	
6	4			8	1	7		
1	2			9		5	3	4
		6				8	4	
4		7	8		3			
	8	5						6
5	6				8		7	
9	3	2	4		6		5	
				5	4			

Puzzle 167

	1	4	7	5				9
		9	8	3	1	2	6	4
						7		5
9	6	2		4		3		
8		5			6	4	9	
1	4	3						
	8			7				
		7	6		9			8
	9			8		1		

Puzzle 168

	6	7						2
		4	6	1			7	3
2		3			9	4		5
6				4				1
1			2		5		4	9
			9	8	1		3	
	7		4	2				
4	5		1		8	3	2	
	2		5	3				4

Puzzle 169

5	3	1			4		6	
		8	9	2			5	7
7	2	9	3		6	1	8	
			1					8
9			8		5	4	3	6
	7	3	4			9	1	
3			2			8	9	
			5		9		4	2

Puzzle 170

8	2	6		1		4		5
			6	9	8			2
	9						1	
	1						2	4
9	7	8	3					
	4	2		8	6			
2			4	6				7
7		5	2	3	1			
		1		7	9			3

Puzzle 171

	9	4	7	3			5	
7							8	9
3				9	6			4
	6				5	9	1	
	3	5				6		
8		9		1		3		
6	4		9	7			2	8
		2	8					3
	8	1					4	6

Puzzle 172

8	4	3		5			2	1
			2	3				
6			7		1	3		
		5		1	4		7	
		8	5			9	4	3
		4					5	2
4	8		1			5	3	
		1		6				
5	7		9				1	4

Puzzle 173

6			8		9			2
		1	5			7		
	7	9			1	5		8
	5	7	2					
3	9	2		4		8	7	
				1			2	5
5	2	6				1		4
		8		6			5	3
	4			5		8		

Puzzle 174

	5		8		9	2		
				5			7	9
4				1		3	8	5
					2		3	8
3				5		6	7	
				3	8	5	9	2
		1		7				6
	6		2	4			1	7
	1		6			9		3

Puzzle 175

	8			1			4	
		7	8				1	6
			9		5			
	6		4	3	2		9	5
	5		8			1		3
8			6	5	1	7	2	
		8				9	3	
		5	9			6	8	7
	7				8	4		

Puzzle 176

4				3			2	
	1		9			3		4
9	8			6				5
7		6		1	4			
			7				8	1
1			3		6		4	
8	3				9			
2		1	5	7	3		9	
5			4	6	8		3	

Puzzle 177

	1	7			6			
8					4		5	
					7		6	
	8	6			1		2	
		1		7			4	6
5	2	4	3	6		7		
1		8					9	2
4		2		1	3		8	5
6		3				4		1

Puzzle 178

				8		1	4	
9	1		2					
		8		3	5	9		6
	8	2		5	3	6		4
			4		2		8	
	9	4	8	1		2		5
	5	1				4	9	
8					4	5		1
	2				1	8		

Puzzle 179

		7	4			3	8	6
			8		3			
	9	3	5					7
			2		9	4		
	1		3		4	7	5	
	2			5	9		6	
7	6	5		3		2		4
4	3				5		7	9
2			1					

Puzzle 180

1			3	4				
	8				6		3	4
	7		9		8			6
					7	4	6	3
8				9	3	2		1
6	3	7		1			9	
3			7	5	4		8	
		9		3		5	4	
				6			1	

Puzzle 181

	7		5	4				
2		3		6		5		
			9		2			
5			2	1		9	7	4
7		9	4	5	3	6		2
			8	9		3	1	
				2				
		5		8		7	3	
		4			9	2	5	6

Puzzle 182

8		3	7				2	
	9	7	8					
		2	4		6			
	6	9		8	3			
2	7	8			4	3	5	
5	3	1		9		8		
	2				8	1		7
		5				9	3	
9			3		2		8	

Puzzle 183

		4				3	5	8
3				4				7
				5			4	2
			3			5	2	
	5		2	6				4
	3	2	5		9			1
					5	4		6
5	2		4		1	9	7	3
	4	1		3			8	

Puzzle 184

	1				6	3		5
8			7		5			
9			8		3	4		
4	8					6		9
7					9	1		3
	9		6	5	4	7		
6	7			4	8			2
		9			1		6	4
1		8				5		

Puzzle 185

5		7		6		1	3	
		8			5		4	
6		3	7		9			
7	9			5	8	3		
4	3		2		6		9	
8				9			2	4
				8	4	9	1	
2	6	4				5		
	8		5		3	4		

Puzzle 186

					1	9		
	3	1		2	4			8
		9	6	3	5			
6			5	4				
9	1	8			7		4	5
	4	5						
8		3	4	5		7	6	
4	5		1	7	6			
1	7		9	8		5		

Puzzle 187

1	3		7	2		5	9	
	7	6			5			2
5		4		8				
6				7	1	8		5
	8				4		7	1
7	1						3	6
					2	4	3	
4				3		7		8
3		2				1		

Puzzle 188

	2		8					9
				2				
4	3			1		8		
5		2		8	7			6
9			3		5		7	
	7	3	6		4		2	
2						3		7
7		6	4	3				1
3	8	9	2	7			6	

Puzzle 189

2		4	7		1	5	8	
	7		5	6	3			
	5		8		4	3		
	2					6		
7	4	3					5	1
	8	6	1		9		7	
8	1		6		2	4	3	
					5		6	
4				7				

Puzzle 190

					3	9		1
3		4					7	6
		7	2	5	6	8	4	
1		5	8		4	6		
6					1		9	
					9			7
	6				7	1	2	
7	2		4			3	6	
5	3			6			8	

Puzzle 191

9	3	6	1					4
1							2	9
4		7	5			6		8
2				5				
7			4		2		6	
3	6	4		7				
6		1		8	4	5		7
8	7				9	4		
			9	6	7			

Puzzle 192

7		1	8			3		9
3			1	9				
				3			1	
2	6		5		3	9		1
		8					7	3
1		7					2	5
6	7		3		4		9	8
				9		8		7
			3	7		2		6

Puzzle 193

	2	4			1			
	7		2	8	6			4
			4	5				
7				3		8	1	
3			5	1		9	7	2
	5					3	4	6
1			6	9	4	2	5	
	6	5				8	9	
			7				1	

Puzzle 194

		1		4			6	
9	2	7			5		3	
		4					9	5
1	8		9			3	7	6
	7					4	5	8
		5		7	8	2		
				9		5	2	
2		3		8		6		1
	6		2			9	8	

Puzzle 195

	2		7		8	3	5	6
		9		2			1	
	5				1	2		9
2		5		3	4			
	8	3			7	1		2
	6			1	2			
5					9		2	3
1	7			8	3	4	9	5

Puzzle 196

1	7			9	3	6		
3	9	2						4
		5			8			1
7			3			2	4	
2	4							6
6	3	5		2			1	
		1			2		6	9
	6	7	8	1				
5		3	6	4				

Puzzle 197

				5		7		
	6			9				
					9	3	5	
		8		1	6			
3	1		6	7	4			
		2	5		3			7
	9			6		2		8
	4		1		8	3	6	
8	6	5	9	3		7	1	4

Puzzle 198

6				8	5	2		
			1		6			9
9	4	8					5	1
			4		7	9	1	
1		4	2		8		3	
7	2	9					6	
8					5			
4	3		8		9		2	6
2		6		1			9	

Puzzle 199

8			3		1			5
3	2			5				
		7			6		8	
		5		6	8	4		
6			4	3			1	2
1	3	4			5	8		
				4	3		2	
		3	5	1	2	7	6	8
			6	8				

Puzzle 200

				2	8		6	4
			3	1				
1			6	5	4		9	3
	3	9	7		5			
		5		1	2		3	
6						2	5	
5		6				8	7	
7	2				6		4	1
3				7			2	5

Puzzle 201

6		2				7	1	
7			2	6				
		9	7		3		6	
				7			3	9
9	5				2			
3	7	6		9	2			
	9	7	6	4	5	1		
4	1	3						8
		5	3	8		4		

Puzzle 202

	9		8			6	5	7
		4		5		3		2
						8	4	
	5	1	7		3	2		
			9	2	8		7	
			5	6		9		
5	7				2		1	
	1			8	5	7	6	
4			1				2	9

Puzzle 203

5	8		6				7	
4	9		1				6	
3	6				2	8		4
		8		6			4	
		5	8	2	1			
6		3		7				8
			9	5	6		2	3
2		6	4	1				
	5			3			1	

Puzzle 204

		2			3		4	8
	4	3	1	2		5		7
6			7	4			3	1
	3			6	7		1	9
		8	3		9			2
	9		4	8				
		1	6		5	3		
			9	3			1	5
	2	5						

Puzzle 205

	9	6	7			5		
8	7			1	9			4
4		1			5		3	
		3	9		7			
9			2		8		1	
2				1			9	
7	4	8		3		2		
		2			9		5	3
		9		6	2			8

Puzzle 206

	5	9	6	8	2			3
2		8	1	7			4	6
7	1		9					
1		2		6				
	8	5					7	4
	7			4	1		6	
			4	2	6	8		
			7		9			
	2		3			6	9	7

Puzzle 207

	2	3			4	8	7	5
			6		8	1		9
			5	3	7	2		
	6					7	4	8
3	8	4			6	5	9	2
7				4		3		
	3		4					
8	7				4			
	5	1			3	6	2	

Puzzle 208

7	4	3			2			6
6	8		1	4		2		
		2	6		7	3		9
				4		1		
2							1	
	7	1			6	5		3
	6		2					7
1	2	8	9	7				
	5		3	6		8		

Puzzle 209

	2	9	7					
4	9	8			5		1	
	7							
		1	4			5	3	
2		3		8	6	4	7	
9			3		7	2	6	
3				2			9	4
	4		6		1		2	
	2			4	9	1		

Puzzle 210

1		2	9					
3	4			1		8	6	9
7		6	3	4				8
4	1		2	9	7		8	
				6	5			1
6	5	7		1	3			2
			4	6		8		
5						1		
	6		5	3				

Puzzle 211

6	1	3	4	9	2		7	
	5	4	8	7			2	
	7	8	1			4	6	9
				1	6	8		
	6			8	7	1		
					9			4
8	3		7		2	9		
	9		2					
		2	3					

Puzzle 212

4	7				6	5		
	9	3	8				7	
5			9			4		
	5		3		2	7		
				8	4	6		5
8	6		5				4	1
					9	2	1	
				3			5	4
9	4	5		2	1		3	

Puzzle 213

8			3	1	7	6		2
	3		6			9		5
7		2						
	4	7	9				5	1
		9	1			4		
			4	7			2	
		6	2		1			
	8	3	7		4		1	
9		1		6			3	4

Puzzle 214

	2	4		1			9	5
5		3		9			6	
			5	7	8			4
7				8				
1				2	5		7	
	4	2	7	3	9			
			8	6			4	
		1	9	4	7			2
4	6	7	1					

Puzzle 215

			2	6	7			
			9					7
				3				5
6				4	8			2
1	4	2		7	9		6	8
		5	6	2		1		
			4	8		2		
		7	3	9	6		4	
4		8			2	5	3	9

Puzzle 216

		2		6		5		9
	5	7				3		8
3		9	1		5	6		
7	3			8		1		
	1	6					5	4
	9	8						
			7	9				1
	7	3		2		4	8	5
8		1	3		4	9		

Puzzle 217

	8			3		9	2	
	6		2	1				
7		4						8
3	1	6				7	8	4
		7		6	2			5
8			7		1			
	7	1		9	8		4	2
2	9				8	5		1
4	5			3				

Puzzle 218

1	9			3		4		
7	6	8		4				1
5	3	4	1	7	9		6	
	2		9		1			4
	4	1				6	2	7
8	5		4	2	7	1		
							1	
		3						9
		5		9	3			

Puzzle 219

3	8	1			2			
2	6		3	5		4		
5	4	9	2		6		1	3
		5	1		3	6	2	
			7		4			
	3			6		9	7	1
				7		3		
		8						9
1				4		5	6	

Puzzle 220

		5	8	4	3	9		
	5	9	6	3		7		4
		6	1	7	9	5	2	8
						2	7	
			2				3	1
	9	3				6		
	1		7	4				3
6	3			2	1			7
								2

Puzzle 221

		4	2		8	9		
3	2			7				
			1		3	2	7	
	6		7		2	5	8	
	9			4				
8		2					1	
9		4	7	5	6	3	2	
2		3		6	1			
		9	3		5	8	4	

Puzzle 222

3		7					8	9
2	5		9			6	3	
8	9		5		3	7	1	
							6	8
		8	3	2		9	4	
	3							5
			7	3	4			1
	4				1	2		3
1	8			5	9	4		

Puzzle 223

2	9	6	4			7	1	
		4			6			3
				5				4
	8		5	6	7	4	2	
1		7		3		9		
	4				1			
	3	1	9	4				8
8					5			2
4	2			1	8			9

Puzzle 224

4		3		2	8		6	
2			6			3		
				1			7	
			1	7	6	8		
	6		9	5			1	3
	1			3				6
5	2		3		1		8	
1		6		8		4	3	
3		8				1		7

Puzzle 225

4		1						
2	9		8	7		1	5	
8	3		6		1			
5	8						7	
		9		6				
1				7	3	8		
3		7		4	9			8
9	1	2	7		4	3	5	
		8		2		9		

Puzzle 226

4			3	7	5	1		9
7				1				
1	2	5				7	6	3
2		7				1		6
				2			9	5
5		3	1		9		2	
		4	3			6		
3							7	4
6			4	9	5			

Puzzle 227

	8	9	4					
4			8	2		7		
			1	7		4		
9	4	7		2				3
	5	3	8		4		6	
2		6	3			9		4
		2		6				
				3		7	4	9
			7	1	5	6	3	

Puzzle 228

		5	8		2			
8	6			5		9		2
			9	7	1		8	6
1								3
				9	7			5
	7		6	3		8		4
5		8	3		9	1		
	2					4	3	
3			7			2	5	8

Puzzle 229

	9	5	8		7		2	
	6							
3			2					
	2				6	5	8	
6			4			1		
7	1	8	3					
	3	7		9		4		
	7		2		4	9	3	5
	5		3	1	8	2	7	6

Puzzle 230

			5			2		8
5	4	8					1	
6		2			4		7	
	5	9			3	8		
2	6		4	9	8			3
	7		6			4	9	
			9	8	5	6		
	2		3			7	1	
7	8				2			

Puzzle 231

		7	8	4				
1		4		2	3			6
3					7			
	1	7	9	5	6	2	4	
9		6		3				1
				4				
				9		4		
	2	3		6	8	1	5	9
	8		1	7			3	2

Puzzle 232

	1		2					5
3	2		5		9	1		
		4					2	
				5				8
8	5		9		4			3
		1			8		5	4
6		9		8	1		7	
	8	7					3	1
1	3		4	2		8		9

Puzzle 233

4				1	2		3	
	9						8	
2		7	9	3		1	4	
3								2
			7	6		8	5	
	5		4		1	3	7	
7				8				
	3	9		4			2	
	1	8	2	9	7	4	6	

Puzzle 234

5		8		7	4		3	
7		9					6	
6	3			9			7	
	1		7	2		8	9	
8			1	3				
3		2		4	8	1		
	5	7	2	1			8	4
				6	9	5		
	6			5	7			

Puzzle 235

				4	1		2	
9	5				3			6
	2	1	6			3		7
2			4	8				
	9			2			3	
1	8	6			9	5		2
					2	7		
	4	2		6	7	9	8	1
	1		5			2		

Puzzle 236

6	7		3	8	4	5		
		3	7	5				
5	8				6			7
			1		9			8
7	2			3				
						2		
9		7	5	6	2	8	4	
1		8		7	3	6		
	6	2		1		3	7	

Puzzle 237

	2			3			1	6
9					4		8	
		6	1			3	9	
	5		3			9		8
1	9	2					3	
	8	4			7		5	1
5			4	1			7	
				6				
4	3		5	7	2	8		9

Puzzle 238

	4		7	8			2	
	2							
	5						4	
	6		8		2		9	
			4			5	8	1
4		8	5	9	7			
	7		3	5		9		
2	8				4	3	5	6
	3		6	2		8	7	4

Puzzle 239

4		7			5			
8		3	9	4	2		1	
5					3			8
2								3
	5	1		8	7		2	
6		9		2		1	8	
1	4		7	6	8	9		
7					6	1		
		2				5	7	

Puzzle 240

		3		4	5			
	5	2		8			3	
		4	9		3			
		6	7	3		4		2
1	3		4		2		9	
2	4		5	1		3		
	2		3	9	7	1		5
				5			2	9
	9				1		8	

Puzzle 241

		2	9		4			6
4							9	
7	6	9	3		2			
	3					6		9
6	4		7				8	3
		7	2			5		
	9			2		3	6	
		8		9	3	4	2	
3		6			8		5	7

Puzzle 242

7	6					2		4
9						8	5	
	4	5	2	6			7	1
1		3			2	7		
					1		9	
2	8	4		3		6	1	5
8		1			3	4		
	3		8					
				4	7	1	8	

Puzzle 243

	9							6
		8	2	6				9
	2	4			8	3	1	7
	5	7		4				8
			1	8			9	5
9		1		3				
5			8	1		9	7	3
		9		2	4			
	3	6	7	9			8	

Puzzle 244

			5	4		7	3	8
		4	2		9	5		
8			3				4	2
	4		1	2	3	8		
	2					3	9	
3	7	8					2	
9			4	5	1			3
			9	3	2			
4		3	7					

Puzzle 245

	1	6		9		5		4
4		9	6			1	3	
			7	1	4			2
6		3	1	7	2			
		2			6		1	3
					9			
3				6				
9		5		3	1	8	4	
1				6		3		9

Puzzle 246

5			9	2	4	7		8
					5	2		9
		2				4		3
		9		3				6
6		1	4	9		3		
7	3	8	6	5				
	8	5		4				
	7			8	9			
3	9	4		1		8		

Puzzle 247

4	1		7	5	2	8		
	2			3	8	1		
	3				9		5	2
2	6		5			9		
	8		9			4		
5				4	3	7	6	
1	7	8		9				4
9		2	6					1
		6						9

Puzzle 248

1		3		4			7	
			5		3			4
	5					9	8	1
		6		1	3			7
	3					4		2
8		5	4				6	3
3	9	8	1		7			5
	1				5		3	8
5						2		9

Puzzle 249

	8	9			6			
								7
7	1			8	9			6
6	9		7			8		
	5	1			4		6	
8	7	2			5	3		
9	2			5		6		3
4		8		6	7		1	
		6		4			7	8

Puzzle 250

	2	5			8	7		
9		8	2					6
1	7	6	5					2
6	3					2		
8	1			5	6			
	5			8				1
5		1		6	2		4	3
		7	9				2	
	8	3			1		6	

Puzzle 251

	8	4			6	5	9	7
2				9	1			4
						6		
4	3	1		2				
		7		4	3	2		
5		8		6	7	4		
	1			9	6	4		
	6	9	3	1			2	
	4			7				9

Puzzle 252

1								
3			8		6		7	1
2		6	5	1				
	6	7			8		1	9
	1					3		7
9	3	5		6	7	2		4
7						8	4	
5	2	1		8	3		9	6
6	8			2				

Puzzle 253

	4	8		6	9			
5		7		2	3		4	1
		3				8		
4		5		1		9		8
			4	8	5	3	6	7
			9	3	2			4
2		1			8			
8							7	
3			2			8	1	

Puzzle 254

1					8		3	
								1
	9		1	3		7	5	
6	2		8					4
3	8							
5	4		3	7		8		
			5	1			4	8
9		8	2	6	4		7	3
4	1		9		7	6		

Puzzle 255

4			2			8	5	1
3		5		7		9		
1		8			5			7
8		3	7			5	4	
9			7	3		6		
			2			1		
	8		9		7	6		
2	3				4		9	5
	6					4	8	

Puzzle 256

3	4	7		1		8		
6	9	1		2	4			7
8	2		3	7				
	1	3	4		7	6		
		8		6			2	4
	6					7		
	7			4	8	1		
	8	6	1		3			5
	3					9		

Puzzle 257

5			4	8	9			6
4		2	6		5		8	
	8	6		1			5	
				6	3			
			7	2		5	9	3
3	2	4						
6		9	2					5
		5		4		9	3	
1				5	7	6		

Puzzle 258

			8	3		1		4
	6	1				3	8	7
3	8		7					
6	4			7		2	9	1
			6		1	7		
2		7		4			3	6
4	3	5		8	7		6	
		9			2			
					9		7	

Puzzle 259

	3			6	4		1	5
2		4	8	3	1			9
6	1		5		9		3	4
		7		8	3			2
5		6	7			3	9	
		3	9					
			4			9		
4	6	5	3		8			
		2					5	

Puzzle 260

2	8	9				5	1	3
6	1		9		3			
4				1			7	
	5			9	2			1
		1			4	8	3	2
7	2		1					
	4	8						6
1	9			4		3		7
5					9		2	4

Puzzle 261

			7			1		
7	8	4	1		6		3	
	1					4	7	
	4		2			3		7
6	9					4		1
	2	7		4			9	
	7			5		2	3	
						7	1	9
2	3	1	9			5	8	

Puzzle 262

2			8	7			1	
		7						8
5			3	9	6	2	4	
	1		7		8	9		
						7	3	
7		5				8	6	1
	5		9			4	7	2
9		2	6			1	8	3
		8			7	6		

Puzzle 263

				2		6		
	3	1	6	8	7	5		
	2	6			3			
3	5		4	6		2		9
	9		2			3		8
1		2	7			5		
9			8			7	3	
			5	4			2	1
	1		9		6			

Puzzle 264

8				1				2
					8		7	
	4			7			9	8
7			2	6	9	5	3	
9			1	4		2	8	7
3		4				6	1	
1		6				9		
			7	9	6	8	5	
5			4	3	1			

Puzzle 265

	5		7			3		
	1		3	4			8	
	7		6		9			1
	4				8	3	5	
		5		3	1			4
5	3	8					9	6
9					8	6		
	6		3		9			2
	2	4	8		6		1	

Puzzle 266

5	9	6	1				3	8
			7	6			5	2
						6	4	
	4				1		6	
6				7			2	3
3			4		6	8	9	
7	8	3		9		2	1	5
1	2				7			
	6		2	1				

Puzzle 267

			6					5
5	6				2	3	1	
1			7					
	3		2		5			6
	9		5		8	2		
8	2	5				1		4
	5	8	2		6	1		9
			3			6		2
2			4	5		7	8	

Puzzle 268

6					4		8	1
4			9	7		2	5	
		1		6	5		4	9
	3	8	1					7
1								
	9	2		8		6		
	4	6	8		1	9	5	
		1	2				7	
	2			9	3	1		

Puzzle 269

	2				9			
9	4	7						
	8		7		9		6	1
8			5		9	3		
			8		4		7	
2	3	4	6					8
1	5			4	6			
4	2				8		1	6
7	6	8	5		2		4	

Puzzle 270

	4					9	6	
	5			3	6		2	4
7				4			3	5
5	1		8					
2	4	9					8	
6			3				1	
	3		1	8				6
1	6	2	5		3	8		7
	7			6			5	

Puzzle 271

	9			3			6	8
7		4		5	1			2
			8	9	7	5		
	7		9					1
1		9			6			
4				7	8			
8			4	9		2	7	
9		7			2		1	
2		5	1	7			8	

Puzzle 272

6		4			2			
	7	5		1	8			
			9	6	5			7
	1		5	8	9		2	
2	5				6		7	9
		4		2	7		5	
4	6					2		
		2				6	9	
5			9	6	2			8

Puzzle 273

3							7	4
			5	6	4			
	4	2	3	7	9		5	
	3					2	1	5
		8			3			
9		6	2	1	7		4	
			7				6	3
2		4		3		5	8	9
			9			7	2	

Puzzle 274

9			3		7		2	8
			8	9	5	3		
4					6			
			4	8	3	9		
				5			8	7
	5		6			4		
	8	1	7		4		6	
	9	6	5				7	4
2	7	4	9		8	5		3

Puzzle 275

	6	2	9					
4	8	9					5	1
1				4		9	7	6
8		6	5					
				6	9	7	8	5
			1	8				9
	2				3	1		
6	7		4			8	9	
	1		6		7	5		

Puzzle 276

8	5	4		2	7	1	6	9
	1		5			3		
6				1			4	5
1			2			9		
2		9	8					
	8	6	1	9				
7			4	3	1			
4		1						
		2	6	8	9		1	

Puzzle 277

	3	4	6		2			1
2		6		9		4	3	5
9		7		4				
			5			6		
		5	3	6		8		7
7	6						5	
1				8		3		4
6		3	9					
	8		4	3	6			9

Puzzle 278

	6	8		4	9		1	7
9		3		1		2		6
		4			3	9		
					2		6	4
		2	4					
7	4		1		6	8		
	9	6			4		3	
		7	3	2			8	9
				9	5	4		2

Puzzle 279

	6	9		8	5		2	
2		4		7		5	1	9
1		7	4		9	3	6	8
	1	8		4				
		3	9			4	7	
					1	8	9	
					2			
	9		8			1		
8		1	5					2

Puzzle 280

	9							
		3	1	2	9	8		6
			6		7		9	
	3		8	6		9		
	8	4		9	2	1	6	3
						5		8
	5	6			1	4		
3	2				8			
8	4	1			6	2		5

Puzzle 281

	2	4			9			8
			2	6	5		1	
1		6	4	8				5
4			7	3	6	8	9	
		2	8				7	4
			5					
		7	9		8	2		3
9								7
	8		6		3	9	4	

Puzzle 282

5							9	1
2				9		6	4	
		8			2			3
		4	9	8			5	7
	5		4		3	1	6	
6	9	3				8	2	
7				3				
				1			3	2
3	1	2			4	9	8	6

Puzzle 283

5			4	2		6		
	2	6	1		3	5		
8		1	5		6			4
	4	2						5
1		7	8		5	4	9	2
	8					1		3
7				2				
	5	8		6				
	9	3				2	1	

Puzzle 284

4			6			8		2
9		7	2	1	5		6	3
		6	8	4				5
3					8	1		
				5				
				6		7	5	4
	9		1	3			8	7
		8	9		4	5		1
1				8		6		

Puzzle 285

9	4					7		
		1			8	4	6	
8		7		4	3		1	9
	2		6			9		
		4		3			2	1
	7	9		2	4		6	3
		6	7		9	1		
4		5		1		6		7
				5		9		

Puzzle 286

	5		3					
						5		2
9	4	8		5		7	3	
	9	4	6		1			
2	8			4			6	
			9			1		4
	1	5	8	6		9		
8			5			6	1	
	6			2	9	8	4	5

Puzzle 287

	6		9					
	1		6		3		4	9
	9			7	5	6	1	
						1	9	
6		1	5	9		4	3	7
	3	7		4	6			
3			8			6		
1				6	4	3		2
	7			1			8	4

Puzzle 288

			9			8		
			8		2	6	4	
4	2	8	6	1		3	9	
						4	1	
		2		6	4	9	3	7
9	1	4	7					
2	4			9		7	6	
3	8		4					9
	6		3					

Puzzle 289

6	1		2	3			9	
	3			7				
	2			9		3		7
	8			6		7	4	
7		9		5				
2	5	6		4		1		9
3			6	8		2		4
5				2	1	6		3
4			3				8	1

Puzzle 290

9	2	8	4			3		
	5			3		6		
	4			7	5		2	1
	9	7	6					
8		5				1	4	
		6	5	4	7			9
5	8		7	6				3
	6		1				4	
1	7	2						8

Puzzle 291

9	6	7				2		
1			8			9		
	3		6	2				
	7		4	5			2	
		5	9	7	6		1	8
	4				1	5	7	6
2						9	5	
7	9			6	2			1
5		6		3				2

Puzzle 292

			1		4		7	2
				5			4	8
1				2	5			9
	4		2	1				
9				6				4
	3	6		4	8			5
	5	8			3	7		6
6	7	1					2	
3					6	8	5	1

Puzzle 293

7				9	8			
4	9	6						
				2		7	9	3
				8		6	2	
		3	9	4		1		8
	4	1		7	2			
	7			6	4	5		
6		4	5	3		8	1	
3	8				7	9		

Puzzle 294

	8	9					4	5
3				8	2			1
5		7		9		2	3	8
1					4		6	
					1	8	2	4
			6	2	8		5	9
6	7	1	2		9		8	
			8				1	
		2	1			4		

Puzzle 295

8							5	
1	6					3		
3		2		9			1	8
				6	9			3
6			5	1	2			4
	1	4	3		7	2		5
				3	4			1
	7		9		1			
5	3	1	2	7				9

Puzzle 296

7	6	1	4		5	8		
				9	6			3
	9		7	1	2	6	5	
2			6	4		9		
5	4						1	
6	1	8			9	4	2	
	7			2			6	
1				7				
9	8					7		

Puzzle 297

1		2			6	5	7	
6		7	4	2		1		
				9		6	4	
9		4			3		1	8
2	6	1			9			4
	8	3		4				7
7			9		8			6
8				6			3	
		6		3				

Puzzle 298

		7		4			5	
	5			1		2	7	
				5	7		8	
			7	3	1			8
	9	3			6	4	1	7
		1	4	9	8	5	3	
	7	5		8				
1	8					7	4	5
	2			7				

Puzzle 299

		4			1			7
		1						
				2	5		9	4
		7	5		9		2	6
	8	3	1			9		
		9	2	7	8	4	1	
7		5	6				4	8
	6	8					3	9
		2	9				6	1

Puzzle 300

	8					9	5	3
5		1	6	9	3	8		
9			8			6	1	7
				4				
	5		3				1	9
6	9			2				8
8	2	9			5	3		
	4	5	2					
			3	9	2			5

Puzzle 1

2	3	5	8	7	4	1	9	6
6	7	1	9	2	5	3	8	4
8	9	4	3	6	1	5	2	7
1	6	8	5	4	7	9	3	2
3	5	7	6	9	2	4	1	8
9	4	2	1	8	3	6	7	5
7	1	3	2	5	6	8	4	9
5	2	9	4	1	8	7	6	3
4	8	6	7	3	9	2	5	1

Puzzle 2

5	3	9	4	7	1	6	2	8
1	7	8	6	2	3	5	4	9
6	4	2	5	9	8	3	1	7
3	2	7	8	1	5	9	6	4
9	1	5	2	6	4	8	7	3
4	8	6	7	3	9	1	5	2
7	6	1	3	8	2	4	9	5
8	9	4	1	5	7	2	3	6
2	5	3	9	4	6	7	8	1

Puzzle 3

6	2	5	1	4	3	7	8	9
7	3	8	9	2	6	1	5	4
4	9	1	7	8	5	6	3	2
1	7	9	8	6	2	5	4	3
3	4	2	5	7	1	9	6	8
5	8	6	4	3	9	2	7	1
2	5	3	6	9	8	4	1	7
9	1	4	3	5	7	8	2	6
8	6	7	2	1	4	3	9	5

Puzzle 4

3	8	2	6	7	5	1	9	4
5	7	4	2	1	9	3	8	6
6	9	1	4	8	3	2	7	5
2	5	9	8	4	6	7	1	3
4	3	8	7	5	1	9	6	2
1	6	7	9	3	2	4	5	8
8	4	3	5	9	7	6	2	1
9	1	6	3	2	8	5	4	7
7	2	5	1	6	4	8	3	9

Puzzle 5

5	4	8	6	7	2	1	3	9
6	9	7	3	1	5	2	4	8
3	1	2	4	8	9	7	5	6
4	6	3	7	5	8	9	1	2
7	2	1	9	3	6	4	8	5
9	8	5	1	2	4	6	7	3
1	7	6	5	9	3	8	2	4
8	5	9	2	4	1	3	6	7
2	3	4	8	6	7	5	9	1

Puzzle 6

8	5	7	4	1	3	2	6	9
1	9	4	2	7	6	5	3	8
2	6	3	5	9	8	7	4	1
5	8	6	1	3	2	4	9	7
7	3	1	6	4	9	8	5	2
9	4	2	8	5	7	3	1	6
4	7	5	9	2	1	6	8	3
3	1	8	7	6	5	9	2	4
6	2	9	3	8	4	1	7	5

Puzzle 7

9	2	7	4	1	8	5	3	6
3	1	6	5	9	7	2	4	8
5	4	8	2	6	3	7	1	9
8	5	9	7	4	1	3	6	2
6	3	1	9	5	2	8	7	4
4	7	2	8	3	6	1	9	5
1	8	3	6	2	9	4	5	7
7	9	5	3	8	4	6	2	1
2	6	4	1	7	5	9	8	3

Puzzle 8

2	1	4	9	8	5	7	3	6
7	3	9	6	2	1	5	8	4
8	5	6	4	3	7	1	2	9
3	7	2	1	6	9	8	4	5
6	9	8	2	5	4	3	7	1
5	4	1	3	7	8	9	6	2
9	6	7	8	1	2	4	5	3
1	2	5	7	4	3	6	9	8
4	8	3	5	9	6	2	1	7

Puzzle 9

5	3	1	8	7	9	4	2	6
7	9	6	5	4	2	8	1	3
2	4	8	6	3	1	7	5	9
8	2	9	3	5	4	6	7	1
4	5	7	1	2	6	9	3	8
6	1	3	9	8	7	2	4	5
9	7	5	4	6	3	1	8	2
1	8	4	2	9	5	3	6	7
3	6	2	7	1	8	5	9	4

Puzzle 10

1	6	3	4	5	7	9	8	2
2	4	8	1	3	9	6	5	7
5	9	7	6	2	8	4	3	1
8	1	9	5	4	3	2	7	6
7	5	2	9	6	1	8	4	3
6	3	4	8	7	2	5	1	9
4	8	1	7	9	6	3	2	5
3	7	6	2	8	5	1	9	4
9	2	5	3	1	4	7	6	8

Puzzle 11

3	5	1	2	6	8	9	4	7
4	9	8	7	5	3	6	2	1
7	6	2	1	4	9	8	3	5
9	7	3	4	2	6	1	5	8
2	8	6	3	1	5	4	7	9
1	4	5	9	8	7	3	6	2
8	1	4	6	7	2	5	9	3
6	3	7	5	9	1	2	8	4
5	2	9	8	3	4	7	1	6

Puzzle 12

6	3	5	1	8	2	9	4	7
1	9	2	3	4	7	6	8	5
4	8	7	6	9	5	2	3	1
8	6	4	2	7	3	5	1	9
9	2	3	5	1	4	8	7	6
7	5	1	9	6	8	3	2	4
3	7	6	8	5	1	4	9	2
2	4	9	7	3	6	1	5	8
5	1	8	4	2	9	7	6	3

Puzzle 13

1	5	7	3	9	2	6	8	4
8	2	6	4	1	7	5	3	9
4	3	9	5	8	6	1	2	7
3	6	2	7	4	8	9	1	5
5	9	8	1	6	3	4	7	2
7	1	4	9	2	5	8	6	3
6	8	5	2	7	4	3	9	1
9	7	3	8	5	1	2	4	6
2	4	1	6	3	9	7	5	8

Puzzle 14

9	4	6	1	5	2	8	7	3
7	3	1	6	4	8	5	9	2
8	5	2	9	3	7	4	1	6
2	7	3	5	9	1	6	8	4
6	8	5	3	7	4	9	2	1
1	9	4	2	8	6	3	5	7
4	2	8	7	6	5	1	3	9
3	6	7	8	1	9	2	4	5
5	1	9	4	2	3	7	6	8

Puzzle 15

2	8	1	7	9	3	5	4	6
9	6	4	2	5	8	1	7	3
7	5	3	6	1	4	9	8	2
3	7	8	4	2	1	6	9	5
6	1	9	5	8	7	3	2	4
4	2	5	3	6	9	8	1	7
1	3	2	9	4	5	7	6	8
8	4	7	1	3	6	2	5	9
5	9	6	8	7	2	4	3	1

Puzzle 16

4	5	6	8	3	2	7	1	9
7	9	3	1	4	6	2	8	5
8	2	1	9	5	7	4	6	3
9	8	7	5	2	1	6	3	4
5	6	2	3	7	4	1	9	8
3	1	4	6	9	8	5	7	2
6	7	5	2	8	9	3	4	1
1	3	9	4	6	5	8	2	7
2	4	8	7	1	3	9	5	6

Puzzle 17

8	3	9	6	2	4	7	5	1
2	4	6	7	5	1	8	3	9
7	5	1	9	3	8	6	2	4
6	9	5	3	8	2	4	1	7
4	2	7	1	9	5	3	8	6
1	8	3	4	6	7	2	9	5
9	1	8	2	7	6	5	4	3
3	7	2	5	4	9	1	6	8
5	6	4	8	1	3	9	7	2

Puzzle 18

7	3	8	4	2	1	5	9	6
1	5	9	8	6	3	4	7	2
2	6	4	7	5	9	1	8	3
5	2	3	1	9	8	7	6	4
4	9	6	2	3	7	8	1	5
8	7	1	5	4	6	2	3	9
3	8	2	6	1	4	9	5	7
6	4	7	9	8	5	3	2	1
9	1	5	3	7	2	6	4	8

Puzzle 19

8	2	9	3	6	5	7	4	1
5	7	3	1	4	2	9	8	6
6	1	4	8	7	9	3	5	2
1	3	7	9	5	6	8	2	4
9	5	8	4	2	1	6	3	7
2	4	6	7	8	3	5	1	9
3	6	5	2	9	4	1	7	8
7	9	2	5	1	8	4	6	3
4	8	1	6	3	7	2	9	5

Puzzle 20

4	6	8	3	1	2	7	5	9
7	2	5	6	9	8	1	3	4
1	3	9	5	4	7	8	6	2
3	8	7	1	2	4	6	9	5
2	5	1	8	6	9	3	4	7
6	9	4	7	5	3	2	8	1
8	4	2	9	7	6	5	1	3
9	1	3	2	8	5	4	7	6
5	7	6	4	3	1	9	2	8

Puzzle 21

4	7	1	6	9	2	5	3	8
3	9	2	8	5	4	7	6	1
8	5	6	3	1	7	2	4	9
6	2	5	1	8	9	3	7	4
1	8	4	2	7	3	9	5	6
9	3	7	4	6	5	1	8	2
2	6	3	5	4	1	8	9	7
7	1	8	9	3	6	4	2	5
5	4	9	7	2	8	6	1	3

Puzzle 22

7	6	8	3	4	5	9	2	1
9	2	3	8	1	7	6	4	5
5	1	4	9	6	2	3	7	8
3	8	9	1	7	6	4	5	2
6	5	1	2	8	4	7	9	3
4	7	2	5	9	3	1	8	6
8	3	7	6	2	9	5	1	4
1	9	5	4	3	8	2	6	7
2	4	6	7	5	1	8	3	9

Puzzle 23

6	9	3	7	4	1	5	2	8
7	5	4	8	3	2	1	6	9
2	1	8	9	6	5	7	4	3
3	6	1	2	8	4	9	5	7
5	2	7	6	9	3	4	8	1
4	8	9	5	1	7	6	3	2
9	4	2	1	5	8	3	7	6
8	3	6	4	7	9	2	1	5
1	7	5	3	2	6	8	9	4

Puzzle 24

6	4	7	1	8	2	9	3	5
3	9	2	7	5	4	1	8	6
1	5	8	6	3	9	2	7	4
9	2	6	4	1	3	7	5	8
5	1	3	8	7	6	4	9	2
7	8	4	9	2	5	6	1	3
2	7	1	5	6	8	3	4	9
8	6	9	3	4	1	5	2	7
4	3	5	2	9	7	8	6	1

Puzzle 25

2	9	1	8	6	7	3	4	5
4	8	6	5	2	3	1	9	7
3	5	7	9	1	4	8	6	2
7	3	9	1	5	2	4	8	6
6	4	2	7	3	8	5	1	9
8	1	5	6	4	9	7	2	3
5	2	4	3	9	1	6	7	8
9	7	3	4	8	6	2	5	1
1	6	8	2	7	5	9	3	4

Puzzle 26

3	6	4	1	9	2	5	8	7
8	1	5	7	4	3	6	2	9
7	9	2	5	8	6	3	1	4
2	3	6	9	5	8	4	7	1
5	4	7	2	6	1	9	3	8
1	8	9	4	3	7	2	5	6
4	7	1	6	2	5	8	9	3
6	5	3	8	7	9	1	4	2
9	2	8	3	1	4	7	6	5

Puzzle 27

1	9	8	7	4	6	3	2	5
2	3	6	9	5	1	4	8	7
5	7	4	8	3	2	1	6	9
7	8	3	2	1	4	9	5	6
6	4	5	3	7	9	8	1	2
9	1	2	6	8	5	7	3	4
4	5	9	1	2	8	6	7	3
8	2	7	4	6	3	5	9	1
3	6	1	5	9	7	2	4	8

Puzzle 28

3	8	5	6	9	4	1	7	2
1	4	6	7	2	5	8	9	3
7	2	9	3	1	8	4	5	6
9	6	7	2	4	1	3	8	5
8	3	2	9	5	6	7	4	1
5	1	4	8	3	7	2	6	9
4	5	3	1	8	9	6	2	7
2	7	8	5	6	3	9	1	4
6	9	1	4	7	2	5	3	8

Puzzle 29

7	6	5	4	3	8	9	1	2
2	1	9	6	5	7	4	3	8
8	3	4	2	9	1	5	7	6
6	9	8	3	1	4	2	5	7
4	7	2	8	6	5	1	9	3
1	5	3	7	2	9	6	8	4
3	4	1	5	7	2	8	6	9
5	8	6	9	4	3	7	2	1
9	2	7	1	8	6	3	4	5

Puzzle 30

6	1	4	7	9	5	8	2	3
9	5	8	1	3	2	6	4	7
2	7	3	4	6	8	1	5	9
5	8	2	9	4	6	7	3	1
1	4	6	3	8	7	5	9	2
3	9	7	5	2	1	4	6	8
8	3	9	6	7	4	2	1	5
4	2	1	8	5	3	9	7	6
7	6	5	2	1	9	3	8	4

Puzzle 31

2	3	5	1	9	6	8	4	7
4	9	7	5	2	8	6	1	3
6	1	8	4	3	7	2	5	9
7	8	2	3	5	4	9	6	1
5	4	1	9	6	2	7	3	8
9	6	3	8	7	1	4	2	5
1	7	9	6	4	3	5	8	2
8	5	4	2	1	9	3	7	6
3	2	6	7	8	5	1	9	4

Puzzle 32

7	6	8	1	3	2	4	5	9
5	4	2	8	6	9	7	3	1
9	3	1	4	7	5	2	8	6
6	8	5	2	9	1	3	4	7
3	7	9	6	8	4	5	1	2
1	2	4	7	5	3	6	9	8
2	1	6	5	4	8	9	7	3
8	5	3	9	2	7	1	6	4
4	9	7	3	1	6	8	2	5

Puzzle 33

5	9	2	8	4	1	3	7	6
6	4	1	3	9	7	8	2	5
7	8	3	2	5	6	9	1	4
1	7	5	9	6	4	2	3	8
8	2	4	5	1	3	6	9	7
9	3	6	7	2	8	5	4	1
4	6	8	1	3	2	7	5	9
2	5	7	4	8	9	1	6	3
3	1	9	6	7	5	4	8	2

Puzzle 34

4	3	8	5	6	2	7	9	1
9	5	1	7	8	3	2	6	4
6	2	7	9	4	1	5	8	3
5	7	2	6	1	9	3	4	8
8	4	9	3	2	7	6	1	5
3	1	6	4	5	8	9	7	2
2	9	3	8	7	4	1	5	6
1	8	5	2	9	6	4	3	7
7	6	4	1	3	5	8	2	9

Puzzle 35

8	7	1	9	6	5	4	3	2
9	6	4	3	8	2	1	7	5
3	5	2	1	4	7	8	6	9
1	8	5	7	2	4	6	9	3
6	9	3	5	1	8	2	4	7
2	4	7	6	3	9	5	1	8
7	2	9	4	5	1	3	8	6
4	3	8	2	9	6	7	5	1
5	1	6	8	7	3	9	2	4

Puzzle 36

3	1	2	9	5	7	8	4	6
6	9	4	8	1	2	3	5	7
8	5	7	3	6	4	9	1	2
1	6	8	5	2	3	7	9	4
5	7	9	6	4	1	2	3	8
4	2	3	7	9	8	1	6	5
7	4	1	2	3	5	6	8	9
9	8	5	1	7	6	4	2	3
2	3	6	4	8	9	5	7	1

Puzzle 37

8	9	1	3	5	2	4	6	7
5	7	4	9	6	1	3	2	8
3	2	6	7	4	8	5	1	9
4	1	3	2	8	6	7	9	5
6	5	7	1	9	3	2	8	4
9	8	2	4	7	5	6	3	1
7	4	8	6	3	9	1	5	2
2	3	9	5	1	7	8	4	6
1	6	5	8	2	4	9	7	3

Puzzle 38

6	7	3	4	2	1	8	5	9
9	4	1	8	3	5	7	2	6
5	8	2	7	6	9	3	1	4
1	9	4	3	5	8	6	7	2
7	6	5	2	1	4	9	8	3
2	3	8	6	9	7	1	4	5
8	2	7	9	4	6	5	3	1
3	5	6	1	8	2	4	9	7
4	1	9	5	7	3	2	6	8

Puzzle 39

6	2	3	7	8	9	4	5	1
9	4	8	5	1	2	3	7	6
5	7	1	3	4	6	9	8	2
4	3	7	9	2	5	1	6	8
2	9	6	1	3	8	5	4	7
1	8	5	4	6	7	2	3	9
7	5	2	6	9	4	8	1	3
3	6	9	8	5	1	7	2	4
8	1	4	2	7	3	6	9	5

Puzzle 40

5	3	2	8	4	9	7	6	1
7	6	4	5	2	1	8	9	3
9	8	1	6	7	3	2	5	4
1	9	7	4	6	8	5	3	2
8	2	6	9	3	5	4	1	7
4	5	3	7	1	2	6	8	9
3	1	5	2	8	7	9	4	6
2	4	8	1	9	6	3	7	5
6	7	9	3	5	4	1	2	8

Puzzle 41

2	6	1	8	3	9	7	5	4
8	7	3	5	1	4	6	9	2
4	5	9	6	7	2	3	1	8
5	2	4	3	9	6	1	8	7
9	1	7	2	5	8	4	6	3
6	3	8	7	4	1	5	2	9
3	9	2	4	6	5	8	7	1
7	8	6	1	2	3	9	4	5
1	4	5	9	8	7	2	3	6

Puzzle 42

4	5	9	3	7	1	6	8	2
8	7	2	6	4	5	1	9	3
1	3	6	8	2	9	5	4	7
3	1	4	9	5	7	2	6	8
7	2	8	1	3	6	4	5	9
9	6	5	4	8	2	7	3	1
5	9	1	7	6	3	8	2	4
2	8	7	5	9	4	3	1	6
6	4	3	2	1	8	9	7	5

Puzzle 43

1	3	8	6	2	5	7	4	9
2	4	9	8	1	7	3	5	6
6	5	7	3	9	4	8	1	2
3	6	5	9	7	1	4	2	8
4	8	1	5	6	2	9	7	3
9	7	2	4	3	8	5	6	1
5	9	3	1	4	6	2	8	7
8	2	6	7	5	9	1	3	4
7	1	4	2	8	3	6	9	5

Puzzle 44

8	2	4	1	5	9	7	6	3
1	9	7	6	4	3	5	8	2
5	3	6	8	7	2	9	4	1
4	1	8	7	6	5	2	3	9
6	7	9	3	2	8	4	1	5
3	5	2	4	9	1	6	7	8
2	4	1	5	8	7	3	9	6
9	6	3	2	1	4	8	5	7
7	8	5	9	3	6	1	2	4

Puzzle 45

6	2	7	9	3	4	8	5	1
1	4	9	5	6	8	3	7	2
8	3	5	1	7	2	9	6	4
4	5	6	8	9	3	2	1	7
7	1	8	4	2	5	6	3	9
3	9	2	6	1	7	4	8	5
9	7	4	3	5	6	1	2	8
2	8	3	7	4	1	5	9	6
5	6	1	2	8	9	7	4	3

Puzzle 46

1	5	8	3	7	6	4	9	2
2	9	7	5	1	4	6	3	8
4	6	3	2	9	8	1	7	5
6	1	9	8	4	7	2	5	3
3	7	2	1	5	9	8	4	6
8	4	5	6	3	2	9	1	7
5	2	4	9	6	3	7	8	1
7	8	1	4	2	5	3	6	9
9	3	6	7	8	1	5	2	4

Puzzle 47

2	1	9	3	5	7	8	6	4
8	3	6	2	1	4	7	5	9
4	5	7	8	6	9	1	2	3
7	8	5	1	4	3	6	9	2
1	6	4	5	9	2	3	8	7
3	9	2	7	8	6	4	1	5
9	7	8	4	2	1	5	3	6
5	2	3	6	7	8	9	4	1
6	4	1	9	3	5	2	7	8

Puzzle 48

6	9	5	8	2	1	3	7	4
1	8	7	4	9	3	5	6	2
3	2	4	7	6	5	8	1	9
7	6	9	1	8	2	4	3	5
5	4	8	3	7	6	9	2	1
2	3	1	5	4	9	7	8	6
8	5	3	6	1	4	2	9	7
4	1	2	9	3	7	6	5	8
9	7	6	2	5	8	1	4	3

Puzzle 49

7	6	2	4	9	5	8	1	3
9	5	3	7	1	8	6	4	2
8	4	1	6	2	3	9	7	5
3	8	4	2	7	1	5	6	9
5	1	6	9	8	4	2	3	7
2	7	9	5	3	6	4	8	1
1	9	7	8	4	2	3	5	6
4	2	5	3	6	7	1	9	8
6	3	8	1	5	9	7	2	4

Puzzle 50

6	7	1	2	5	4	9	3	8
9	2	4	3	1	8	5	7	6
3	5	8	6	9	7	2	4	1
2	4	3	7	6	5	1	8	9
1	9	5	8	3	2	7	6	4
8	6	7	9	4	1	3	5	2
7	8	6	5	2	9	4	1	3
5	1	2	4	8	3	6	9	7
4	3	9	1	7	6	8	2	5

Puzzle 51

6	4	5	2	1	3	8	9	7
1	3	8	7	4	9	2	5	6
9	7	2	5	6	8	4	3	1
3	9	7	4	5	2	6	1	8
5	6	4	8	9	1	7	2	3
2	8	1	6	3	7	5	4	9
4	5	3	9	8	6	1	7	2
7	1	6	3	2	5	9	8	4
8	2	9	1	7	4	3	6	5

Puzzle 52

8	5	9	1	4	6	3	2	7
6	4	1	7	3	2	5	8	9
2	3	7	5	9	8	6	1	4
5	2	4	6	1	9	7	3	8
9	6	3	8	5	7	2	4	1
1	7	8	4	2	3	9	6	5
4	9	2	3	8	5	1	7	6
7	1	5	2	6	4	8	9	3
3	8	6	9	7	1	4	5	2

Puzzle 53

1	7	6	4	5	8	9	3	2
9	8	5	2	3	6	1	4	7
4	2	3	9	7	1	6	8	5
6	4	2	5	1	7	8	9	3
8	1	7	6	9	3	2	5	4
5	3	9	8	4	2	7	6	1
7	6	1	3	8	5	4	2	9
2	5	4	1	6	9	3	7	8
3	9	8	7	2	4	5	1	6

Puzzle 54

7	2	6	8	5	9	4	1	3
8	1	3	7	4	2	9	5	6
9	4	5	3	1	6	8	2	7
3	5	8	9	6	7	1	4	2
4	7	1	5	2	8	3	6	9
2	6	9	1	3	4	7	8	5
5	8	4	2	7	3	6	9	1
1	9	7	6	8	5	2	3	4
6	3	2	4	9	1	5	7	8

Puzzle 55

8	4	3	7	1	9	5	6	2
9	6	2	8	5	4	1	3	7
1	7	5	6	3	2	4	9	8
7	3	6	2	8	5	9	4	1
2	1	8	4	9	3	6	7	5
4	5	9	1	6	7	8	2	3
5	2	7	9	4	1	3	8	6
3	8	4	5	7	6	2	1	9
6	9	1	3	2	8	7	5	4

Puzzle 56

1	6	9	4	7	8	3	2	5
8	3	2	5	6	9	1	7	4
7	5	4	1	3	2	9	6	8
6	8	3	7	5	1	4	9	2
5	2	7	9	8	4	6	1	3
4	9	1	3	2	6	5	8	7
3	7	6	8	9	5	2	4	1
9	4	8	2	1	3	7	5	6
2	1	5	6	4	7	8	3	9

Puzzle 57

3	4	5	9	8	2	1	7	6
1	7	2	3	6	5	8	9	4
9	8	6	1	4	7	2	5	3
8	6	4	5	2	3	7	1	9
7	9	3	6	1	8	4	2	5
5	2	1	7	9	4	6	3	8
6	3	8	2	5	1	9	4	7
2	5	9	4	7	6	3	8	1
4	1	7	8	3	9	5	6	2

Puzzle 58

8	4	9	2	1	6	5	3	7
5	3	1	7	4	9	6	2	8
2	7	6	8	3	5	9	4	1
4	6	2	1	7	8	3	9	5
9	8	7	3	5	2	4	1	6
1	5	3	6	9	4	7	8	2
7	9	4	5	8	1	2	6	3
6	1	5	9	2	3	8	7	4
3	2	8	4	6	7	1	5	9

Puzzle 59

7	3	2	5	9	8	1	6	4
9	1	8	6	4	3	5	2	7
6	5	4	1	2	7	8	3	9
2	6	9	8	1	5	4	7	3
1	7	3	2	6	4	9	8	5
8	4	5	7	3	9	2	1	6
5	2	1	9	7	6	3	4	8
4	9	6	3	8	2	7	5	1
3	8	7	4	5	1	6	9	2

Puzzle 60

5	1	7	6	8	4	2	9	3
9	8	6	3	5	2	4	1	7
4	3	2	7	1	9	8	6	5
3	2	8	9	6	5	1	7	4
1	7	5	8	4	3	6	2	9
6	9	4	2	7	1	3	5	8
2	4	9	5	3	6	7	8	1
8	6	1	4	9	7	5	3	2
7	5	3	1	2	8	9	4	6

Puzzle 61

1	2	6	9	5	8	4	3	7
9	3	4	7	6	2	5	8	1
8	7	5	4	3	1	2	9	6
6	4	3	2	7	5	8	1	9
2	1	9	8	4	3	6	7	5
7	5	8	6	1	9	3	4	2
5	8	1	3	9	6	7	2	4
4	9	2	5	8	7	1	6	3
3	6	7	1	2	4	9	5	8

Puzzle 62

3	4	5	7	6	1	9	8	2
6	9	7	2	4	8	1	5	3
2	8	1	9	5	3	4	6	7
4	3	8	5	1	7	6	2	9
5	1	2	6	8	9	7	3	4
9	7	6	3	2	4	8	1	5
7	5	9	1	3	6	2	4	8
8	6	3	4	9	2	5	7	1
1	2	4	8	7	5	3	9	6

Puzzle 63

2	5	4	9	8	3	7	1	6
8	7	1	2	5	6	3	9	4
6	3	9	1	4	7	5	2	8
7	4	3	5	1	2	6	8	9
1	8	6	7	3	9	4	5	2
5	9	2	8	6	4	1	7	3
9	6	7	3	2	1	8	4	5
3	1	8	4	9	5	2	6	7
4	2	5	6	7	8	9	3	1

Puzzle 64

6	7	2	9	3	4	8	5	1
5	4	3	1	8	7	2	9	6
8	1	9	5	6	2	3	7	4
7	8	5	3	9	6	4	1	2
4	2	1	8	7	5	6	3	9
9	3	6	4	2	1	7	8	5
3	6	8	2	1	9	5	4	7
1	5	7	6	4	8	9	2	3
2	9	4	7	5	3	1	6	8

Puzzle 65

7	2	5	4	9	1	8	3	6
8	3	4	2	7	6	1	9	5
9	1	6	8	5	3	7	4	2
2	7	9	1	8	5	4	6	3
4	5	3	6	2	7	9	1	8
6	8	1	3	4	9	2	5	7
3	6	8	7	1	4	5	2	9
5	4	7	9	6	2	3	8	1
1	9	2	5	3	8	6	7	4

Puzzle 66

8	5	9	7	1	6	4	3	2
7	2	3	4	8	9	5	6	1
4	6	1	2	3	5	7	9	8
9	4	7	6	2	8	1	5	3
6	8	5	1	9	3	2	7	4
3	1	2	5	4	7	6	8	9
5	9	4	8	7	2	3	1	6
2	3	6	9	5	1	8	4	7
1	7	8	3	6	4	9	2	5

Puzzle 67

5	3	4	6	8	7	1	2	9
2	6	8	9	1	3	4	5	7
7	9	1	5	4	2	3	6	8
4	2	9	3	5	1	7	8	6
1	5	3	8	7	6	2	9	4
8	7	6	4	2	9	5	1	3
9	1	2	7	6	4	8	3	5
3	8	7	2	9	5	6	4	1
6	4	5	1	3	8	9	7	2

Puzzle 68

4	8	1	9	2	5	7	3	6
2	3	7	4	8	6	9	1	5
5	6	9	1	3	7	2	4	8
1	4	8	7	6	9	5	2	3
9	2	6	3	5	4	1	8	7
7	5	3	8	1	2	6	9	4
6	1	4	5	9	3	8	7	2
8	7	5	2	4	1	3	6	9
3	9	2	6	7	8	4	5	1

Puzzle 69

1	7	6	2	9	3	8	4	5
9	2	4	5	8	1	7	3	6
8	3	5	7	6	4	9	1	2
4	8	2	9	5	6	1	7	3
6	9	3	1	7	2	4	5	8
7	5	1	4	3	8	6	2	9
5	4	8	6	2	7	3	9	1
3	1	9	8	4	5	2	6	7
2	6	7	3	1	9	5	8	4

Puzzle 70

7	8	5	3	1	4	2	6	9
3	2	4	7	6	9	5	8	1
1	6	9	5	2	8	7	3	4
4	7	8	1	3	2	9	5	6
2	3	6	9	5	7	4	1	8
5	9	1	4	8	6	3	2	7
9	5	3	6	4	1	8	7	2
8	1	7	2	9	3	6	4	5
6	4	2	8	7	5	1	9	3

Puzzle 71

7	9	8	1	3	5	2	4	6
6	5	2	8	7	4	1	9	3
1	4	3	2	6	9	7	5	8
4	6	7	9	8	2	5	3	1
3	2	5	7	4	1	6	8	9
8	1	9	3	5	6	4	2	7
2	7	1	5	9	3	8	6	4
9	8	4	6	2	7	3	1	5
5	3	6	4	1	8	9	7	2

Puzzle 72

3	2	8	5	4	9	1	7	6
1	6	9	7	3	8	5	4	2
5	7	4	6	1	2	9	8	3
9	5	7	1	6	3	8	2	4
2	3	6	9	8	4	7	5	1
8	4	1	2	5	7	3	6	9
6	8	5	4	9	1	2	3	7
4	1	2	3	7	5	6	9	8
7	9	3	8	2	6	4	1	5

Puzzle 73

1	7	5	6	8	2	3	9	4
8	6	3	4	9	5	1	7	2
4	2	9	7	3	1	5	8	6
9	4	7	8	6	3	2	1	5
3	8	1	5	2	9	4	6	7
2	5	6	1	7	4	9	3	8
5	3	8	2	1	6	7	4	9
7	9	2	3	4	8	6	5	1
6	1	4	9	5	7	8	2	3

Puzzle 74

4	5	3	7	9	1	2	6	8
6	1	9	2	4	8	7	5	3
7	2	8	5	3	6	1	4	9
5	3	1	9	8	7	4	2	6
9	4	7	3	6	2	5	8	1
2	8	6	4	1	5	9	3	7
8	6	2	1	7	4	3	9	5
1	9	5	6	2	3	8	7	4
3	7	4	8	5	9	6	1	2

Puzzle 75

5	7	8	4	6	1	9	3	2
3	2	6	5	8	9	1	7	4
4	1	9	2	3	7	6	5	8
2	6	4	3	9	5	8	1	7
9	3	1	7	4	8	5	2	6
7	8	5	1	2	6	3	4	9
6	4	3	8	1	2	7	9	5
1	9	7	6	5	4	2	8	3
8	5	2	9	7	3	4	6	1

Puzzle 76

8	6	2	1	4	7	3	9	5
1	9	3	8	2	5	7	6	4
4	7	5	3	6	9	8	2	1
9	5	6	2	8	1	4	3	7
7	1	4	9	3	6	5	8	2
3	2	8	7	5	4	6	1	9
6	8	9	5	7	2	1	4	3
5	4	1	6	9	3	2	7	8
2	3	7	4	1	8	9	5	6

Puzzle 77

4	7	3	8	5	1	9	2	6
8	9	2	4	6	7	1	3	5
6	1	5	3	9	2	8	7	4
5	2	7	6	8	9	3	4	1
3	4	1	7	2	5	6	8	9
9	8	6	1	4	3	2	5	7
1	6	4	5	3	8	7	9	2
2	5	8	9	7	6	4	1	3
7	3	9	2	1	4	5	6	8

Puzzle 78

8	9	7	2	6	1	5	3	4
1	3	5	4	8	9	2	6	7
2	6	4	7	3	5	8	1	9
6	8	2	9	4	3	1	7	5
5	1	9	8	7	6	4	2	3
4	7	3	5	1	2	9	8	6
7	4	1	3	5	8	6	9	2
3	2	6	1	9	4	7	5	8
9	5	8	6	2	7	3	4	1

Puzzle 79

9	2	1	5	6	8	3	4	7
6	7	4	9	1	3	5	2	8
5	3	8	2	4	7	6	9	1
7	5	6	3	9	4	1	8	2
1	8	2	7	5	6	9	3	4
3	4	9	1	8	2	7	6	5
2	6	3	8	7	1	4	5	9
4	9	7	6	2	5	8	1	3
8	1	5	4	3	9	2	7	6

Puzzle 80

7	6	8	1	5	3	2	4	9
9	5	4	7	2	6	3	8	1
1	2	3	9	4	8	7	5	6
6	1	9	2	7	4	8	3	5
3	7	5	8	6	9	1	2	4
4	8	2	5	3	1	9	6	7
5	9	1	6	8	2	4	7	3
8	3	6	4	1	7	5	9	2
2	4	7	3	9	5	6	1	8

Puzzle 81

9	3	4	6	8	1	7	2	5
2	8	7	5	4	3	1	9	6
1	5	6	2	7	9	3	8	4
5	2	3	7	9	6	8	4	1
7	6	1	8	2	4	5	3	9
8	4	9	1	3	5	2	6	7
6	9	8	3	1	7	4	5	2
3	7	5	4	6	2	9	1	8
4	1	2	9	5	8	6	7	3

Puzzle 82

7	1	6	5	2	4	8	9	3
5	3	9	8	7	1	4	2	6
2	8	4	9	6	3	1	5	7
1	9	7	2	4	5	3	6	8
8	4	2	3	9	6	5	7	1
6	5	3	7	1	8	2	4	9
9	7	8	1	5	2	6	3	4
3	6	5	4	8	9	7	1	2
4	2	1	6	3	7	9	8	5

Puzzle 83

2	4	6	3	1	7	5	9	8
7	5	3	6	9	8	4	2	1
1	8	9	2	4	5	6	7	3
3	2	1	8	5	9	7	6	4
9	6	4	7	3	1	8	5	2
8	7	5	4	2	6	3	1	9
4	9	7	5	8	2	1	3	6
6	1	8	9	7	3	2	4	5
5	3	2	1	6	4	9	8	7

Puzzle 84

3	7	2	5	6	8	4	9	1
6	4	5	2	9	1	3	7	8
9	1	8	7	3	4	2	6	5
8	2	4	6	1	9	7	5	3
7	6	1	4	5	3	8	2	9
5	9	3	8	2	7	1	4	6
1	5	6	3	4	2	9	8	7
2	3	7	9	8	5	6	1	4
4	8	9	1	7	6	5	3	2

Puzzle 85

5	7	4	6	2	8	9	3	1
9	3	2	4	7	1	5	6	8
1	6	8	9	3	5	2	7	4
2	4	6	1	5	3	7	8	9
3	8	5	2	9	7	1	4	6
7	9	1	8	4	6	3	5	2
6	2	7	3	8	9	4	1	5
8	5	9	7	1	4	6	2	3
4	1	3	5	6	2	8	9	7

Puzzle 86

4	8	7	6	5	1	3	2	9
5	9	1	2	3	7	6	4	8
2	6	3	9	8	4	7	5	1
6	7	5	1	9	3	2	8	4
3	1	8	4	2	6	9	7	5
9	2	4	8	7	5	1	3	6
7	3	6	5	4	9	8	1	2
8	5	9	7	1	2	4	6	3
1	4	2	3	6	8	5	9	7

Puzzle 87

4	5	1	9	8	6	7	2	3
3	7	9	2	5	4	8	6	1
2	8	6	7	3	1	9	5	4
8	9	4	3	6	5	2	1	7
5	1	7	4	2	8	6	3	9
6	3	2	1	7	9	5	4	8
9	2	8	5	4	3	1	7	6
1	4	5	6	9	7	3	8	2
7	6	3	8	1	2	4	9	5

Puzzle 88

8	7	3	6	2	5	1	4	9
5	1	9	4	3	7	6	2	8
4	6	2	8	1	9	3	7	5
2	3	6	9	7	1	8	5	4
9	5	8	2	4	3	7	6	1
7	4	1	5	8	6	2	9	3
3	9	7	1	6	4	5	8	2
1	8	4	7	5	2	9	3	6
6	2	5	3	9	8	4	1	7

Puzzle 89

2	6	3	8	1	7	5	9	4
4	8	7	6	9	5	3	2	1
9	5	1	3	2	4	6	8	7
3	4	5	7	8	1	9	6	2
8	1	9	2	3	6	7	4	5
6	7	2	5	4	9	8	1	3
5	3	8	1	6	2	4	7	9
1	9	6	4	7	3	2	5	8
7	2	4	9	5	8	1	3	6

Puzzle 90

6	7	5	9	2	8	3	1	4
2	4	3	1	7	6	8	9	5
1	9	8	5	3	4	2	6	7
5	6	2	7	9	3	1	4	8
3	8	9	4	1	5	7	2	6
7	1	4	6	8	2	9	5	3
4	2	7	3	6	9	5	8	1
9	5	1	8	4	7	6	3	2
8	3	6	2	5	1	4	7	9

Puzzle 91

4	1	7	9	6	2	8	5	3
5	9	8	3	7	1	2	6	4
3	6	2	4	8	5	7	9	1
2	4	6	7	3	9	1	8	5
9	8	5	6	1	4	3	2	7
1	7	3	2	5	8	6	4	9
6	3	4	8	9	7	5	1	2
7	5	9	1	2	6	4	3	8
8	2	1	5	4	3	9	7	6

Puzzle 92

3	7	4	1	6	5	2	8	9
5	2	9	4	3	8	1	7	6
8	1	6	9	7	2	5	4	3
4	6	2	5	9	3	8	1	7
1	9	3	2	8	7	4	6	5
7	5	8	6	1	4	9	3	2
9	8	1	3	5	6	7	2	4
6	4	5	7	2	1	3	9	8
2	3	7	8	4	9	6	5	1

Puzzle 93

4	1	5	8	7	3	9	6	2
8	3	2	6	4	9	7	1	5
7	9	6	5	2	1	8	4	3
1	8	7	9	3	6	5	2	4
3	2	9	1	5	4	6	8	7
5	6	4	7	8	2	3	9	1
2	7	3	4	9	8	1	5	6
6	4	8	3	1	5	2	7	9
9	5	1	2	6	7	4	3	8

Puzzle 94

3	1	6	4	7	9	8	2	5
7	5	8	3	2	6	4	9	1
4	2	9	1	8	5	3	7	6
6	3	4	7	5	2	9	1	8
2	8	5	9	1	3	6	4	7
9	7	1	6	4	8	5	3	2
1	6	7	5	3	4	2	8	9
5	4	2	8	9	7	1	6	3
8	9	3	2	6	1	7	5	4

Puzzle 95

3	6	8	1	5	2	7	9	4
9	2	5	4	7	6	1	8	3
1	4	7	9	3	8	5	6	2
4	7	1	8	9	3	2	5	6
5	3	6	2	1	4	9	7	8
2	8	9	7	6	5	4	3	1
8	5	2	3	4	9	6	1	7
7	9	3	6	2	1	8	4	5
6	1	4	5	8	7	3	2	9

Puzzle 96

2	7	6	4	9	5	3	8	1
8	5	1	3	7	6	9	2	4
3	9	4	2	1	8	5	7	6
9	8	2	7	3	4	1	6	5
5	4	3	1	6	2	7	9	8
1	6	7	8	5	9	4	3	2
6	1	9	5	2	3	8	4	7
4	3	5	6	8	7	2	1	9
7	2	8	9	4	1	6	5	3

Puzzle 97

9	1	2	6	4	5	3	7	8
5	8	3	7	2	1	6	9	4
4	6	7	8	3	9	2	1	5
6	9	4	3	8	7	5	2	1
7	3	5	4	1	2	9	8	6
8	2	1	5	9	6	7	4	3
1	7	6	2	5	8	4	3	9
2	4	9	1	6	3	8	5	7
3	5	8	9	7	4	1	6	2

Puzzle 98

4	3	9	8	6	1	2	5	7
8	2	5	9	3	7	6	1	4
6	1	7	4	2	5	9	8	3
5	7	6	1	9	4	8	3	2
9	8	3	7	5	2	1	4	6
1	4	2	3	8	6	5	7	9
7	5	8	6	4	9	3	2	1
3	6	1	2	7	8	4	9	5
2	9	4	5	1	3	7	6	8

Puzzle 99

4	3	8	9	2	6	1	7	5
2	5	6	4	1	7	8	9	3
9	7	1	3	5	8	4	6	2
6	2	4	8	7	1	3	5	9
8	9	3	5	6	4	7	2	1
7	1	5	2	3	9	6	8	4
5	6	7	1	9	3	2	4	8
1	8	9	7	4	2	5	3	6
3	4	2	6	8	5	9	1	7

Puzzle 100

4	7	2	3	1	8	5	9	6
8	5	1	4	6	9	2	3	7
9	6	3	7	2	5	1	8	4
5	3	7	2	8	4	9	6	1
2	8	4	6	9	1	3	7	5
6	1	9	5	3	7	8	4	2
1	4	8	9	7	2	6	5	3
3	2	5	8	4	6	7	1	9
7	9	6	1	5	3	4	2	8

Puzzle 101

3	2	1	7	8	9	4	5	6
6	7	4	2	5	1	8	3	9
8	5	9	6	4	3	2	7	1
9	6	3	5	7	8	1	2	4
7	4	2	9	1	6	5	8	3
1	8	5	4	3	2	9	6	7
4	3	7	8	9	5	6	1	2
2	9	8	1	6	7	3	4	5
5	1	6	3	2	4	7	9	8

Puzzle 102

9	4	6	7	2	8	1	3	5
3	1	2	5	9	4	7	6	8
8	7	5	6	3	1	4	2	9
6	3	1	2	5	9	8	4	7
4	9	8	1	7	6	2	5	3
2	5	7	8	4	3	9	1	6
7	8	3	4	1	5	6	9	2
5	2	4	9	6	7	3	8	1
1	6	9	3	8	2	5	7	4

Puzzle 103

2	6	8	4	3	5	1	9	7
1	4	9	8	6	7	5	3	2
5	7	3	9	1	2	8	6	4
3	9	4	7	5	6	2	8	1
8	2	7	1	9	3	4	5	6
6	1	5	2	4	8	3	7	9
7	3	1	5	2	9	6	4	8
9	5	2	6	8	4	7	1	3
4	8	6	3	7	1	9	2	5

Puzzle 104

4	9	6	1	7	5	8	2	3
7	1	2	3	8	9	4	6	5
5	8	3	2	6	4	7	9	1
1	2	5	7	9	8	6	3	4
3	6	9	4	2	1	5	8	7
8	7	4	5	3	6	2	1	9
6	5	1	8	4	3	9	7	2
2	4	8	9	1	7	3	5	6
9	3	7	6	5	2	1	4	8

Puzzle 105

6	9	2	4	3	1	8	7	5
7	3	8	2	5	6	4	1	9
5	4	1	9	8	7	2	3	6
8	6	4	7	9	3	1	5	2
3	2	5	1	4	8	6	9	7
1	7	9	6	2	5	3	8	4
2	5	7	8	1	4	9	6	3
4	8	3	5	6	9	7	2	1
9	1	6	3	7	2	5	4	8

Puzzle 106

4	7	8	6	5	2	1	9	3
5	3	2	8	1	9	4	6	7
9	1	6	3	4	7	5	8	2
7	6	5	2	3	4	8	1	9
1	2	3	9	8	6	7	4	5
8	4	9	1	7	5	2	3	6
3	5	7	4	6	1	9	2	8
6	9	1	5	2	8	3	7	4
2	8	4	7	9	3	6	5	1

Puzzle 107

4	8	1	9	6	3	2	7	5
6	5	3	4	7	2	8	1	9
2	7	9	8	1	5	6	4	3
7	2	6	1	9	4	5	3	8
9	3	5	7	2	8	4	6	1
1	4	8	3	5	6	7	9	2
5	1	7	6	8	9	3	2	4
3	9	2	5	4	7	1	8	6
8	6	4	2	3	1	9	5	7

Puzzle 108

7	2	3	4	6	8	9	1	5
4	9	8	3	1	5	7	6	2
6	1	5	7	2	9	8	3	4
3	5	7	8	9	4	1	2	6
1	8	2	5	3	6	4	9	7
9	6	4	1	7	2	5	8	3
5	3	9	2	4	1	6	7	8
8	7	1	6	5	3	2	4	9
2	4	6	9	8	7	3	5	1

Puzzle 109

9	5	4	1	6	7	2	3	8
6	3	2	8	9	5	7	4	1
8	7	1	2	4	3	5	6	9
2	9	7	4	3	1	8	5	6
4	6	5	9	7	8	1	2	3
1	8	3	6	5	2	4	9	7
5	1	9	3	8	4	6	7	2
7	2	6	5	1	9	3	8	4
3	4	8	7	2	6	9	1	5

Puzzle 110

6	5	9	3	4	2	7	8	1
8	2	7	1	5	6	4	9	3
3	4	1	9	8	7	5	2	6
5	1	3	4	2	8	6	7	9
7	9	2	6	3	5	1	4	8
4	8	6	7	1	9	2	3	5
1	7	4	5	9	3	8	6	2
9	6	8	2	7	1	3	5	4
2	3	5	8	6	4	9	1	7

Puzzle 111

5	2	3	6	4	1	9	8	7
6	4	8	7	9	5	1	3	2
1	7	9	8	2	3	4	6	5
3	6	5	1	8	2	7	4	9
7	1	2	4	6	9	3	5	8
9	8	4	5	3	7	2	1	6
2	3	1	9	5	6	8	7	4
4	9	6	3	7	8	5	2	1
8	5	7	2	1	4	6	9	3

Puzzle 112

6	9	1	5	3	8	7	4	2
3	5	2	7	4	9	1	8	6
4	8	7	1	6	2	3	9	5
5	1	8	2	7	6	9	3	4
7	3	4	8	9	5	2	6	1
9	2	6	4	1	3	8	5	7
2	6	5	3	8	1	4	7	9
8	7	9	6	2	4	5	1	3
1	4	3	9	5	7	6	2	8

Puzzle 113

9	2	7	4	3	8	6	1	5
8	3	5	1	6	9	4	2	7
4	1	6	2	5	7	9	3	8
2	4	8	5	9	3	7	6	1
6	7	3	8	1	2	5	9	4
1	5	9	6	7	4	2	8	3
3	9	4	7	2	1	8	5	6
5	8	2	3	4	6	1	7	9
7	6	1	9	8	5	3	4	2

Puzzle 114

3	2	8	1	4	9	5	7	6
5	7	1	6	8	3	2	9	4
9	6	4	5	7	2	1	3	8
8	1	5	9	2	4	3	6	7
6	4	3	7	5	1	8	2	9
2	9	7	3	6	8	4	5	1
1	5	2	4	9	7	6	8	3
4	8	9	2	3	6	7	1	5
7	3	6	8	1	5	9	4	2

Puzzle 115

3	2	1	9	7	4	6	5	8
8	9	7	5	6	1	4	3	2
6	5	4	2	3	8	7	9	1
1	6	5	7	8	9	3	2	4
4	8	9	3	2	6	5	1	7
7	3	2	1	4	5	8	6	9
9	7	6	8	5	2	1	4	3
2	4	3	6	1	7	9	8	5
5	1	8	4	9	3	2	7	6

Puzzle 116

8	9	6	5	7	2	3	1	4
3	2	1	9	4	6	8	5	7
7	5	4	3	8	1	2	6	9
2	1	9	7	5	8	6	4	3
5	6	3	2	1	4	9	7	8
4	7	8	6	9	3	1	2	5
6	8	7	4	2	9	5	3	1
1	3	5	8	6	7	4	9	2
9	4	2	1	3	5	7	8	6

Puzzle 117

2	5	1	7	3	4	9	6	8
3	7	9	8	6	1	4	5	2
4	6	8	9	5	2	3	1	7
1	3	5	4	9	7	8	2	6
6	8	2	5	1	3	7	4	9
7	9	4	2	8	6	1	3	5
8	1	6	3	2	9	5	7	4
5	4	3	6	7	8	2	9	1
9	2	7	1	4	5	6	8	3

Puzzle 118

6	2	8	3	5	4	9	7	1
7	4	9	2	6	1	5	8	3
3	1	5	9	8	7	2	6	4
9	5	4	8	7	3	6	1	2
2	8	3	1	9	6	7	4	5
1	7	6	5	4	2	3	9	8
8	3	7	4	2	9	1	5	6
5	6	2	7	1	8	4	3	9
4	9	1	6	3	5	8	2	7

Puzzle 119

1	8	6	9	2	4	5	3	7
9	2	5	7	3	6	4	8	1
3	7	4	1	5	8	9	2	6
7	6	9	3	4	2	1	5	8
5	3	2	8	6	1	7	4	9
8	4	1	5	9	7	2	6	3
2	5	3	6	1	9	8	7	4
6	1	7	4	8	5	3	9	2
4	9	8	2	7	3	6	1	5

Puzzle 120

4	6	9	5	2	8	3	1	7
2	5	7	6	1	3	8	9	4
3	8	1	4	7	9	2	6	5
1	2	8	9	5	6	4	7	3
6	3	5	7	8	4	1	2	9
7	9	4	1	3	2	6	5	8
9	1	3	8	6	5	7	4	2
8	4	6	2	9	7	5	3	1
5	7	2	3	4	1	9	8	6

Puzzle 121

6	2	8	4	9	5	7	3	1
3	1	5	7	8	6	2	4	9
7	4	9	3	2	1	8	5	6
4	8	6	2	7	9	3	1	5
5	7	1	6	3	8	4	9	2
9	3	2	5	1	4	6	8	7
8	9	7	1	6	3	5	2	4
1	6	4	8	5	2	9	7	3
2	5	3	9	4	7	1	6	8

Puzzle 122

5	6	4	2	8	3	9	7	1
7	3	2	6	1	9	4	5	8
9	1	8	7	4	5	6	3	2
6	2	9	1	7	8	5	4	3
3	4	1	5	2	6	8	9	7
8	5	7	9	3	4	2	1	6
1	9	3	4	6	2	7	8	5
2	7	5	8	9	1	3	6	4
4	8	6	3	5	7	1	2	9

Puzzle 123

8	2	1	9	6	5	4	3	7
5	3	7	4	1	8	9	6	2
9	6	4	3	7	2	1	5	8
7	1	8	6	5	4	2	9	3
6	9	3	1	2	7	5	8	4
2	4	5	8	3	9	6	7	1
1	8	9	5	4	3	7	2	6
4	5	2	7	8	6	3	1	9
3	7	6	2	9	1	8	4	5

Puzzle 124

5	2	9	4	8	7	1	3	6
6	3	4	5	1	2	8	9	7
7	8	1	6	9	3	5	4	2
4	5	3	7	6	1	9	2	8
9	7	8	3	2	5	4	6	1
1	6	2	8	4	9	3	7	5
8	9	7	2	5	4	6	1	3
2	4	5	1	3	6	7	8	9
3	1	6	9	7	8	2	5	4

Puzzle 125

5	1	3	8	7	2	4	6	9
6	8	4	5	3	9	2	1	7
2	7	9	4	1	6	5	3	8
4	9	2	6	5	8	3	7	1
8	5	1	3	4	7	6	9	2
3	6	7	2	9	1	8	5	4
9	4	6	1	2	3	7	8	5
1	3	5	7	8	4	9	2	6
7	2	8	9	6	5	1	4	3

Puzzle 126

3	6	1	7	9	8	5	2	4
9	2	4	6	5	1	7	3	8
5	8	7	2	4	3	6	1	9
4	5	6	9	3	2	1	8	7
8	7	2	4	1	6	9	5	3
1	3	9	8	7	5	4	6	2
2	4	5	3	6	9	8	7	1
6	9	3	1	8	7	2	4	5
7	1	8	5	2	4	3	9	6

Puzzle 127

1	7	2	4	6	3	5	8	9
9	3	8	5	2	1	4	7	6
5	6	4	9	8	7	2	3	1
4	9	6	7	1	8	3	5	2
3	8	7	6	5	2	9	1	4
2	1	5	3	4	9	8	6	7
8	5	1	2	7	4	6	9	3
7	4	3	8	9	6	1	2	5
6	2	9	1	3	5	7	4	8

Puzzle 128

3	4	2	7	9	5	1	6	8
7	5	8	3	6	1	9	4	2
6	9	1	2	8	4	3	7	5
8	7	6	9	3	2	4	5	1
5	2	4	1	7	8	6	9	3
9	1	3	5	4	6	2	8	7
2	3	9	4	5	7	8	1	6
4	6	7	8	1	3	5	2	9
1	8	5	6	2	9	7	3	4

Puzzle 129

5	6	4	9	7	1	8	3	2
2	1	8	3	6	5	4	7	9
9	7	3	8	4	2	6	5	1
1	5	7	2	8	3	9	4	6
3	2	6	7	9	4	5	1	8
4	8	9	5	1	6	3	2	7
6	3	1	4	2	8	7	9	5
7	4	2	6	5	9	1	8	3
8	9	5	1	3	7	2	6	4

Puzzle 130

1	3	8	2	5	7	9	4	6
9	6	5	1	4	8	3	7	2
2	4	7	3	6	9	1	5	8
3	1	9	5	8	4	6	2	7
8	2	4	7	3	6	5	1	9
7	5	6	9	1	2	4	8	3
4	7	2	6	9	5	8	3	1
6	8	3	4	2	1	7	9	5
5	9	1	8	7	3	2	6	4

Puzzle 131

6	5	4	8	1	3	7	9	2
7	3	8	9	4	2	1	6	5
1	2	9	7	6	5	4	8	3
4	8	1	5	9	7	3	2	6
3	7	2	4	8	6	9	5	1
5	9	6	3	2	1	8	7	4
8	6	5	1	7	4	2	3	9
2	1	7	6	3	9	5	4	8
9	4	3	2	5	8	6	1	7

Puzzle 132

2	4	3	1	8	6	5	7	9
9	1	6	7	2	5	4	3	8
5	7	8	9	3	4	1	6	2
4	9	2	3	6	8	7	5	1
6	8	7	4	5	1	9	2	3
1	3	5	2	9	7	8	4	6
3	2	4	8	7	9	6	1	5
8	6	1	5	4	2	3	9	7
7	5	9	6	1	3	2	8	4

Puzzle 133

3	4	9	2	5	6	1	7	8
2	5	8	3	1	7	4	6	9
6	1	7	9	8	4	2	5	3
8	6	5	1	2	3	7	9	4
7	9	2	6	4	8	3	1	5
1	3	4	5	7	9	8	2	6
4	2	1	8	9	5	6	3	7
5	7	3	4	6	2	9	8	1
9	8	6	7	3	1	5	4	2

Puzzle 134

5	9	6	2	1	4	3	7	8
2	3	1	8	7	6	9	4	5
8	7	4	5	3	9	6	2	1
4	1	5	6	8	3	2	9	7
9	6	7	4	2	5	8	1	3
3	2	8	1	9	7	5	6	4
6	4	9	7	5	8	1	3	2
1	5	3	9	4	2	7	8	6
7	8	2	3	6	1	4	5	9

Puzzle 135

8	9	1	5	4	2	3	6	7
4	2	3	9	7	6	8	1	5
7	6	5	3	8	1	2	4	9
9	4	6	1	3	5	7	2	8
2	5	8	6	9	7	1	3	4
3	1	7	8	2	4	9	5	6
1	8	4	7	5	3	6	9	2
5	3	9	2	6	8	4	7	1
6	7	2	4	1	9	5	8	3

Puzzle 136

1	3	4	2	7	5	8	9	6
8	7	6	9	1	4	5	3	2
5	9	2	6	3	8	7	4	1
6	8	9	3	5	2	1	7	4
4	2	1	7	8	6	9	5	3
3	5	7	1	4	9	6	2	8
2	6	5	8	9	3	4	1	7
7	4	8	5	2	1	3	6	9
9	1	3	4	6	7	2	8	5

Puzzle 137

9	3	4	2	1	6	5	8	7
2	8	5	9	4	7	1	3	6
1	7	6	8	3	5	4	2	9
5	2	3	4	6	8	9	7	1
7	4	1	3	5	9	8	6	2
8	6	9	1	7	2	3	5	4
3	1	2	6	8	4	7	9	5
4	9	7	5	2	3	6	1	8
6	5	8	7	9	1	2	4	3

Puzzle 138

4	5	7	6	2	1	9	8	3
8	9	1	4	3	7	6	5	2
2	3	6	9	5	8	4	1	7
7	4	2	5	8	9	3	6	1
5	8	3	2	1	6	7	4	9
1	6	9	7	4	3	8	2	5
9	7	8	1	6	5	2	3	4
3	2	5	8	9	4	1	7	6
6	1	4	3	7	2	5	9	8

Puzzle 139

6	1	8	4	9	5	7	3	2
5	2	7	1	3	8	9	4	6
3	4	9	2	7	6	5	8	1
8	9	2	5	4	3	1	6	7
7	3	5	6	8	1	2	9	4
4	6	1	9	2	7	3	5	8
9	8	6	3	1	2	4	7	5
2	7	3	8	5	4	6	1	9
1	5	4	7	6	9	8	2	3

Puzzle 140

8	2	3	1	7	6	4	9	5
1	6	4	2	5	9	8	3	7
9	5	7	4	3	8	6	1	2
2	1	8	3	9	7	5	6	4
5	3	9	6	2	4	1	7	8
7	4	6	8	1	5	3	2	9
3	7	1	5	4	2	9	8	6
6	9	5	7	8	1	2	4	3
4	8	2	9	6	3	7	5	1

Puzzle 141

1	3	9	4	2	7	6	8	5
7	2	6	3	5	8	1	4	9
8	5	4	6	9	1	3	2	7
3	8	7	5	1	6	2	9	4
4	1	5	9	8	2	7	6	3
9	6	2	7	4	3	5	1	8
5	7	1	8	6	4	9	3	2
6	9	8	2	3	5	4	7	1
2	4	3	1	7	9	8	5	6

Puzzle 142

1	6	9	2	7	8	5	3	4
5	4	8	3	6	1	2	9	7
7	3	2	5	4	9	1	6	8
4	5	7	9	2	6	3	8	1
9	8	6	1	3	4	7	2	5
3	2	1	8	5	7	6	4	9
6	1	5	4	9	2	8	7	3
8	7	4	6	1	3	9	5	2
2	9	3	7	8	5	4	1	6

Puzzle 143

9	8	7	1	3	2	5	4	6
3	5	1	6	4	9	8	7	2
2	4	6	8	5	7	3	1	9
6	9	4	7	1	5	2	3	8
1	3	2	4	8	6	9	5	7
8	7	5	2	9	3	1	6	4
7	2	9	3	6	1	4	8	5
5	1	8	9	7	4	6	2	3
4	6	3	5	2	8	7	9	1

Puzzle 144

7	9	5	8	3	1	4	6	2
8	6	4	9	5	2	1	3	7
3	2	1	7	6	4	8	9	5
9	5	6	3	1	7	2	8	4
1	3	8	2	4	6	7	5	9
2	4	7	5	8	9	6	1	3
4	8	9	6	2	3	5	7	1
5	1	3	4	7	8	9	2	6
6	7	2	1	9	5	3	4	8

Puzzle 145

3	6	1	9	7	8	2	4	5
9	8	7	2	4	5	6	3	1
2	5	4	3	6	1	9	8	7
4	2	8	7	5	6	1	9	3
6	7	9	4	1	3	8	5	2
1	3	5	8	9	2	4	7	6
8	9	2	6	3	7	5	1	4
5	4	3	1	2	9	7	6	8
7	1	6	5	8	4	3	2	9

Puzzle 146

5	9	8	7	6	1	4	2	3
6	2	1	4	5	3	7	8	9
4	3	7	8	2	9	1	6	5
8	4	2	1	3	7	9	5	6
1	6	3	2	9	5	8	4	7
9	7	5	6	4	8	3	1	2
3	1	4	5	7	2	6	9	8
7	5	6	9	8	4	2	3	1
2	8	9	3	1	6	5	7	4

Puzzle 147

9	1	2	4	3	5	8	7	6
8	7	4	1	6	2	3	5	9
6	3	5	8	7	9	1	2	4
2	6	1	3	5	7	9	4	8
3	9	8	6	2	4	7	1	5
5	4	7	9	1	8	6	3	2
1	2	3	5	9	6	4	8	7
7	8	9	2	4	1	5	6	3
4	5	6	7	8	3	2	9	1

Puzzle 148

4	8	6	7	1	9	3	5	2
9	2	1	6	3	5	7	4	8
3	5	7	2	4	8	9	6	1
8	4	5	9	2	1	6	7	3
1	7	3	8	6	4	5	2	9
2	6	9	5	7	3	8	1	4
6	9	8	4	5	2	1	3	7
5	3	4	1	9	7	2	8	6
7	1	2	3	8	6	4	9	5

Puzzle 149

8	5	1	2	6	3	7	4	9
7	9	3	4	5	1	2	8	6
4	6	2	7	8	9	5	1	3
1	8	9	5	7	2	3	6	4
3	7	6	8	1	4	9	5	2
5	2	4	3	9	6	8	7	1
2	1	7	6	3	8	4	9	5
9	4	5	1	2	7	6	3	8
6	3	8	9	4	5	1	2	7

Puzzle 150

3	5	1	2	6	4	8	7	9
6	2	8	7	9	3	4	1	5
7	9	4	5	8	1	6	2	3
4	1	7	6	5	8	9	3	2
9	8	3	1	7	2	5	6	4
5	6	2	3	4	9	7	8	1
8	3	5	9	2	6	1	4	7
1	4	9	8	3	7	2	5	6
2	7	6	4	1	5	3	9	8

Puzzle 151

8	6	3	9	2	1	5	7	4
7	5	4	6	3	8	9	1	2
2	9	1	7	5	4	6	8	3
5	8	9	4	1	2	7	3	6
6	1	2	3	9	7	4	5	8
4	3	7	5	8	6	2	9	1
1	4	8	2	7	5	3	6	9
9	7	6	1	4	3	8	2	5
3	2	5	8	6	9	1	4	7

Puzzle 152

6	5	7	2	9	1	4	8	3
9	2	3	8	4	7	1	5	6
8	4	1	6	3	5	2	9	7
2	7	9	5	6	8	3	1	4
1	8	4	9	7	3	6	2	5
3	6	5	1	2	4	8	7	9
5	3	6	7	8	2	9	4	1
7	9	8	4	1	6	5	3	2
4	1	2	3	5	9	7	6	8

Puzzle 153

3	4	9	5	6	7	2	1	8
7	1	5	8	2	4	9	6	3
2	6	8	9	3	1	4	7	5
6	7	3	4	1	5	8	2	9
8	5	4	2	7	9	6	3	1
1	9	2	3	8	6	7	5	4
4	3	1	7	9	2	5	8	6
5	2	6	1	4	8	3	9	7
9	8	7	6	5	3	1	4	2

Puzzle 154

2	9	3	8	6	5	7	4	1
4	8	5	3	1	7	2	6	9
7	1	6	4	2	9	3	8	5
1	6	7	9	3	4	8	5	2
3	4	8	2	5	6	9	1	7
9	5	2	7	8	1	6	3	4
5	3	9	1	7	8	4	2	6
6	2	4	5	9	3	1	7	8
8	7	1	6	4	2	5	9	3

Puzzle 155

3	2	8	5	4	6	1	7	9
6	7	9	1	8	2	4	5	3
1	5	4	3	9	7	6	8	2
5	9	1	6	3	8	2	4	7
2	8	3	7	1	4	9	6	5
7	4	6	2	5	9	8	3	1
8	1	7	4	2	3	5	9	6
9	3	5	8	6	1	7	2	4
4	6	2	9	7	5	3	1	8

Puzzle 156

5	1	4	2	3	7	8	6	9
7	9	2	1	6	8	4	3	5
3	6	8	4	9	5	7	1	2
8	2	5	7	1	6	3	9	4
1	4	3	8	2	9	5	7	6
6	7	9	5	4	3	1	2	8
2	5	1	9	7	4	6	8	3
9	8	6	3	5	1	2	4	7
4	3	7	6	8	2	9	5	1

Puzzle 157

1	9	2	7	4	8	5	6	3
6	5	8	1	3	9	4	7	2
4	7	3	6	5	2	1	9	8
3	2	7	4	8	5	6	1	9
9	6	4	3	2	1	8	5	7
5	8	1	9	6	7	2	3	4
2	1	6	8	7	3	9	4	5
7	4	5	2	9	6	3	8	1
8	3	9	5	1	4	7	2	6

Puzzle 158

8	5	6	9	4	1	2	3	7
7	2	3	8	5	6	1	4	9
4	9	1	7	2	3	5	8	6
3	6	9	5	1	2	4	7	8
1	7	5	4	6	8	9	2	3
2	8	4	3	9	7	6	5	1
5	4	8	6	7	9	3	1	2
6	1	7	2	3	4	8	9	5
9	3	2	1	8	5	7	6	4

Puzzle 159

9	7	4	5	1	2	3	8	6
3	6	5	4	8	7	9	1	2
2	1	8	6	9	3	5	7	4
4	8	1	3	7	9	6	2	5
6	9	7	1	2	5	8	4	3
5	3	2	8	6	4	1	9	7
8	5	3	2	4	1	7	6	9
1	4	9	7	3	6	2	5	8
7	2	6	9	5	8	4	3	1

Puzzle 160

9	5	7	2	4	1	6	3	8
2	8	1	6	7	3	5	9	4
3	6	4	8	5	9	2	1	7
4	9	2	1	8	7	3	5	6
6	7	5	4	3	2	1	8	9
8	1	3	5	9	6	4	7	2
5	2	6	9	1	8	7	4	3
7	4	9	3	6	5	8	2	1
1	3	8	7	2	4	9	6	5

Puzzle 161

8	6	4	7	9	1	2	3	5
9	3	7	2	8	5	1	6	4
1	5	2	6	3	4	9	8	7
4	2	8	1	5	3	7	9	6
6	1	3	4	7	9	5	2	8
5	7	9	8	2	6	3	4	1
3	9	1	5	6	8	4	7	2
7	4	6	9	1	2	8	5	3
2	8	5	3	4	7	6	1	9

Puzzle 162

2	3	4	5	9	6	8	7	1
6	9	7	1	8	3	4	5	2
5	8	1	4	7	2	6	3	9
9	5	6	8	1	7	3	2	4
4	1	8	2	3	5	7	9	6
7	2	3	9	6	4	1	8	5
3	7	2	6	4	9	5	1	8
1	4	9	7	5	8	2	6	3
8	6	5	3	2	1	9	4	7

Puzzle 163

7	9	1	8	5	2	6	3	4
6	4	2	3	1	7	8	5	9
5	3	8	6	4	9	7	1	2
3	1	9	5	7	8	2	4	6
2	5	6	4	9	1	3	7	8
8	7	4	2	3	6	5	9	1
4	8	3	9	2	5	1	6	7
9	6	7	1	8	3	4	2	5
1	2	5	7	6	4	9	8	3

Puzzle 164

2	3	6	8	4	1	5	7	9
8	7	5	9	3	6	4	2	1
9	1	4	7	2	5	3	8	6
1	5	9	3	7	4	8	6	2
7	4	3	2	6	8	9	1	5
6	2	8	1	5	9	7	4	3
3	6	7	5	8	2	1	9	4
4	8	1	6	9	3	2	5	7
5	9	2	4	1	7	6	3	8

Puzzle 165

2	8	1	5	7	9	6	3	4
4	3	5	6	2	1	8	9	7
9	6	7	3	4	8	5	1	2
8	5	3	4	1	2	7	6	9
6	7	4	9	8	3	1	2	5
1	9	2	7	5	6	4	8	3
5	2	6	1	3	7	9	4	8
7	1	8	2	9	4	3	5	6
3	4	9	8	6	5	2	7	1

Puzzle 166

7	5	9	2	3	4	6	8	1
6	4	3	5	8	1	7	9	2
1	2	8	6	9	7	5	3	4
3	9	6	1	5	2	8	4	7
4	1	7	8	6	3	9	2	5
2	8	5	7	4	9	3	1	6
5	6	4	3	1	8	2	7	9
9	3	2	4	7	6	1	5	8
8	7	1	9	2	5	4	6	3

Puzzle 167

6	1	4	7	5	2	8	3	9
7	5	9	8	3	1	2	6	4
3	2	8	9	6	4	7	1	5
9	6	2	1	4	8	3	5	7
8	7	5	3	2	6	4	9	1
1	4	3	5	9	7	6	8	2
5	8	1	4	7	3	9	2	6
2	3	7	6	1	9	5	4	8
4	9	6	2	8	5	1	7	3

Puzzle 168

9	6	7	3	5	4	1	8	2
5	8	4	6	1	2	9	7	3
2	1	3	8	7	9	4	6	5
6	9	2	7	4	3	8	5	1
1	3	8	2	6	5	7	4	9
7	4	5	9	8	1	2	3	6
3	7	1	4	2	6	5	9	8
4	5	6	1	9	8	3	2	7
8	2	9	5	3	7	6	1	4

Puzzle 169

5	3	1	7	8	4	2	6	9
4	6	8	9	2	1	3	5	7
7	2	9	3	5	6	1	8	4
6	4	5	1	9	3	7	2	8
9	1	2	8	7	5	4	3	6
8	7	3	4	6	2	9	1	5
3	5	6	2	4	7	8	9	1
1	8	7	5	3	9	6	4	2
2	9	4	6	1	8	5	7	3

Puzzle 170

8	2	6	7	1	3	4	9	5
1	5	4	6	9	8	7	3	2
3	9	7	5	4	2	6	1	8
6	1	3	9	5	7	8	2	4
9	7	8	3	2	4	5	6	1
5	4	2	1	8	6	3	7	9
2	3	9	4	6	5	1	8	7
7	8	5	2	3	1	9	4	6
4	6	1	8	7	9	2	5	3

Puzzle 171

2	9	4	7	3	8	6	5	1
7	1	6	4	5	2	3	8	9
3	5	8	1	9	6	2	7	4
4	6	7	3	8	5	9	1	2
1	3	5	2	4	9	8	6	7
8	2	9	6	1	7	4	3	5
6	4	3	9	7	1	5	2	8
5	7	2	8	6	4	1	9	3
9	8	1	5	2	3	7	4	6

Puzzle 172

8	4	3	6	5	9	7	2	1
9	1	7	2	3	8	4	6	5
6	5	2	7	4	1	3	8	9
2	9	5	3	1	4	6	7	8
1	6	8	5	7	2	9	4	3
7	3	4	8	9	6	1	5	2
4	8	9	1	2	7	5	3	6
3	2	1	4	6	5	8	9	7
5	7	6	9	8	3	2	1	4

Puzzle 173

6	3	5	8	7	9	4	1	2
4	8	1	5	2	6	7	3	9
2	7	9	4	3	1	5	6	8
1	5	7	2	9	8	3	4	6
3	9	2	6	4	5	8	7	1
8	6	4	7	1	3	9	2	5
5	2	6	3	8	7	1	9	4
7	1	8	9	6	4	2	5	3
9	4	3	1	5	2	6	8	7

Puzzle 174

6	5	3	8	7	9	2	4	1
8	2	1	5	4	3	7	6	9
4	7	9	2	1	6	3	8	5
9	4	5	7	6	2	1	3	8
3	8	2	9	5	1	6	7	4
1	6	7	4	3	8	5	9	2
2	3	8	1	9	7	4	5	6
5	9	6	3	2	4	8	1	7
7	1	4	6	8	5	9	2	3

Puzzle 175

5	8	7	2	1	6	3	4	9
9	3	4	7	8	5	2	1	6
2	1	6	3	9	4	5	7	8
7	6	1	4	3	2	8	9	5
4	5	2	8	7	9	1	6	3
8	9	3	6	5	1	7	2	4
6	2	8	5	4	7	9	3	1
1	4	5	9	2	3	6	8	7
3	7	9	1	6	8	4	5	2

Puzzle 176

4	7	5	1	3	8	6	2	9
6	1	2	9	5	7	3	8	4
9	8	3	4	6	2	1	7	5
7	2	6	8	1	4	9	5	3
3	4	9	7	2	5	8	6	1
1	5	8	3	9	6	7	4	2
8	3	7	2	4	9	5	1	6
2	6	1	5	7	3	4	9	8
5	9	4	6	8	1	2	3	7

Puzzle 177

2	1	7	5	9	6	8	3	4
8	6	9	2	3	4	1	5	7
3	4	5	1	8	7	2	6	9
7	8	6	4	5	1	9	2	3
9	3	1	8	7	2	5	4	6
5	2	4	3	6	9	7	1	8
1	7	8	6	4	5	3	9	2
4	9	2	7	1	3	6	8	5
6	5	3	9	2	8	4	7	1

Puzzle 178

5	6	3	7	8	9	1	4	2
9	1	7	2	4	6	3	5	8
2	4	8	1	3	5	9	7	6
7	8	2	9	5	3	6	1	4
1	3	5	4	6	2	7	8	9
6	9	4	8	1	7	2	3	5
3	5	1	6	2	8	4	9	7
8	7	6	3	9	4	5	2	1
4	2	9	5	7	1	8	6	3

Puzzle 179

1	5	7	4	9	2	3	8	6
6	4	2	8	7	3	5	9	1
8	9	3	5	1	6	4	2	7
5	7	8	6	2	1	9	4	3
9	1	6	3	8	4	7	5	2
3	2	4	7	5	9	1	6	8
7	6	5	9	3	8	2	1	4
4	3	1	2	6	5	8	7	9
2	8	9	1	4	7	6	3	5

Puzzle 180

1	9	6	3	4	5	7	2	8
2	8	5	1	7	6	9	3	4
4	7	3	9	2	8	1	5	6
9	2	1	5	8	7	4	6	3
8	5	4	6	9	3	2	7	1
6	3	7	4	1	2	8	9	5
3	1	2	7	5	4	6	8	9
7	6	9	8	3	1	5	4	2
5	4	8	2	6	9	3	1	7

Puzzle 181

9	7	6	5	4	8	1	2	3
2	4	3	7	6	1	5	9	8
8	5	1	9	3	2	4	6	7
5	3	8	2	1	6	9	7	4
7	1	9	4	5	3	6	8	2
4	6	2	8	9	7	3	1	5
3	9	7	6	2	5	8	4	1
6	2	5	1	8	4	7	3	9
1	8	4	3	7	9	2	5	6

Puzzle 182

8	4	3	7	1	9	6	2	5
6	9	7	8	2	5	4	1	3
1	5	2	4	3	6	7	9	8
4	6	9	5	8	3	2	7	1
2	7	8	1	6	4	3	5	9
5	3	1	2	9	7	8	4	6
3	2	4	9	5	8	1	6	7
7	8	5	6	4	1	9	3	2
9	1	6	3	7	2	5	8	4

Puzzle 183

2	6	4	1	9	7	3	5	8
3	1	5	8	4	2	6	9	7
9	7	8	6	5	3	1	4	2
6	8	7	3	1	4	5	2	9
1	5	9	2	6	8	7	3	4
4	3	2	5	7	9	8	6	1
8	9	3	7	2	5	4	1	6
5	2	6	4	8	1	9	7	3
7	4	1	9	3	6	2	8	5

Puzzle 184

2	1	7	4	9	6	3	8	5
8	3	4	7	1	5	2	9	6
9	6	5	8	2	3	4	7	1
4	8	2	1	3	7	6	5	9
7	5	6	2	8	9	1	4	3
3	9	1	6	5	4	7	2	8
6	7	3	5	4	8	9	1	2
5	2	9	3	7	1	8	6	4
1	4	8	9	6	2	5	3	7

Puzzle 185

5	4	7	8	6	2	1	3	9
9	2	8	1	3	5	6	4	7
6	1	3	7	4	9	2	5	8
7	9	2	4	5	8	3	6	1
4	3	1	2	7	6	8	9	5
8	5	6	3	9	1	7	2	4
3	7	5	6	8	4	9	1	2
2	6	4	9	1	7	5	8	3
1	8	9	5	2	3	4	7	6

Puzzle 186

2	6	4	8	1	9	3	5	7
5	3	1	7	2	4	6	9	8
7	8	9	6	3	5	4	1	2
6	2	7	5	4	8	1	3	9
9	1	8	3	6	7	2	4	5
3	4	5	2	9	1	8	7	6
8	9	3	4	5	2	7	6	1
4	5	2	1	7	6	9	8	3
1	7	6	9	8	3	5	2	4

Puzzle 187

1	3	8	7	2	6	5	9	4
9	7	6	4	1	5	3	8	2
5	2	4	9	8	3	6	1	7
6	4	9	3	7	1	8	2	5
2	8	3	6	5	4	9	7	1
7	1	5	2	9	8	4	3	6
8	5	7	1	6	9	2	4	3
4	9	1	5	3	2	7	6	8
3	6	2	8	4	7	1	5	9

Puzzle 188

6	2	1	8	5	3	7	4	9
8	9	5	7	4	2	6	1	3
4	3	7	9	1	6	8	5	2
5	4	2	1	8	7	9	3	6
9	6	8	3	2	5	1	7	4
1	7	3	6	9	4	5	2	8
2	1	4	5	6	8	3	9	7
7	5	6	4	3	9	2	8	1
3	8	9	2	7	1	4	6	5

Puzzle 189

2	3	4	7	9	1	5	8	6
9	7	8	5	6	3	1	2	4
6	5	1	8	2	4	3	9	7
1	2	9	3	5	7	6	4	8
7	4	3	2	8	6	9	5	1
5	8	6	1	4	9	2	7	3
8	1	5	6	7	2	4	3	9
3	9	7	4	1	5	8	6	2
4	6	2	9	3	8	7	1	5

Puzzle 190

2	8	6	7	4	3	9	5	1
3	5	4	1	9	8	2	7	6
9	1	7	2	5	6	8	4	3
1	9	5	8	7	4	6	3	2
6	7	2	5	3	1	4	9	8
8	4	3	6	2	9	5	1	7
4	6	9	3	8	7	1	2	5
7	2	8	4	1	5	3	6	9
5	3	1	9	6	2	7	8	4

Puzzle 191

9	3	6	1	2	8	7	5	4
1	8	5	7	4	6	3	2	9
4	2	7	5	9	3	6	1	8
2	1	8	6	5	9	4	7	3
7	5	9	4	3	2	8	6	1
3	6	4	8	7	1	2	9	5
6	9	1	2	8	4	5	3	7
8	7	2	3	1	5	9	4	6
5	4	3	9	6	7	1	8	2

Puzzle 192

7	4	1	8	2	5	3	6	9
3	2	6	1	9	7	8	5	4
9	5	8	4	3	6	7	1	2
2	6	4	5	7	3	9	8	1
5	8	9	2	4	1	6	7	3
1	3	7	6	8	9	4	2	5
6	7	2	3	5	4	1	9	8
4	1	5	9	6	8	2	3	7
8	9	3	7	1	2	5	4	6

Puzzle 193

5	2	4	3	9	1	7	6	8
9	7	3	2	8	6	1	5	4
6	1	8	4	5	7	2	3	9
7	9	2	6	4	3	5	8	1
3	4	6	5	1	8	9	7	2
8	5	1	9	7	2	3	4	6
1	3	7	8	6	9	4	2	5
2	6	5	1	3	4	8	9	7
4	8	9	7	2	5	6	1	3

Puzzle 194

3	5	1	7	4	9	8	6	2
9	2	7	8	6	5	1	3	4
8	4	6	1	2	3	7	9	5
1	8	2	9	5	4	3	7	6
6	7	9	3	1	2	4	5	8
4	3	5	6	7	8	2	1	9
7	1	8	4	9	6	5	2	3
2	9	3	5	8	7	6	4	1
5	6	4	2	3	1	9	8	7

Puzzle 195

4	2	1	7	9	8	3	5	6
8	3	9	5	2	6	7	1	4
6	5	7	3	4	1	2	8	9
2	1	5	8	3	4	9	6	7
9	8	3	6	5	7	1	4	2
7	6	4	9	1	2	5	3	8
5	4	8	1	7	9	6	2	3
1	7	6	2	8	3	4	9	5
3	9	2	4	6	5	8	7	1

Puzzle 196

1	7	8	4	9	3	6	5	2
3	9	2	1	5	6	8	7	4
4	5	6	2	7	8	3	9	1
7	8	9	3	6	1	2	4	5
2	4	1	5	8	7	9	3	6
6	3	5	9	2	4	7	1	8
8	1	4	7	3	2	5	6	9
9	6	7	8	1	5	4	2	3
5	2	3	6	4	9	1	8	7

Puzzle 197

9	3	8	2	1	5	4	7	6
7	5	6	3	4	9	8	2	1
4	2	1	7	8	6	9	3	5
5	7	4	8	2	1	6	9	3
3	1	9	6	7	4	5	8	2
6	8	2	5	9	3	1	4	7
1	9	3	4	6	7	2	5	8
2	4	7	1	5	8	3	6	9
8	6	5	9	3	2	7	1	4

Puzzle 198

6	1	3	9	8	5	2	7	4
5	7	2	1	4	6	3	8	9
9	4	8	3	7	2	6	5	1
3	8	5	4	6	7	9	1	2
1	6	4	2	9	8	7	3	5
7	2	9	5	3	1	4	6	8
8	9	1	6	2	3	5	4	7
4	3	7	8	5	9	1	2	6
2	5	6	7	1	4	8	9	3

Puzzle 199

8	6	9	3	7	1	2	4	5
3	2	1	8	5	4	6	9	7
4	5	7	9	2	6	1	8	3
2	7	5	1	6	8	4	3	9
6	9	8	4	3	7	5	1	2
1	3	4	2	9	5	8	7	6
5	8	6	7	4	3	9	2	1
9	4	3	5	1	2	7	6	8
7	1	2	6	8	9	3	5	4

Puzzle 200

9	5	7	3	2	8	1	6	4
4	6	3	1	7	9	5	8	2
1	8	2	6	5	4	7	9	3
2	3	9	7	6	5	4	1	8
8	7	5	4	1	2	9	3	6
6	1	4	9	8	3	2	5	7
5	4	6	2	3	1	8	7	9
7	2	8	5	9	6	3	4	1
3	9	1	8	4	7	6	2	5

Puzzle 201

6	3	2	8	5	9	7	1	4
7	8	1	2	6	4	3	9	5
5	4	9	7	1	3	8	6	2
1	2	8	4	7	6	5	3	9
9	5	4	1	3	8	2	7	6
3	7	6	5	9	2	4	8	1
8	9	7	6	4	5	1	2	3
4	1	3	9	2	7	6	5	8
2	6	5	3	8	1	9	4	7

Puzzle 202

3	9	2	8	1	4	6	5	7
1	8	4	6	5	7	3	9	2
7	6	5	2	3	9	8	4	1
9	5	1	7	4	3	2	8	6
6	4	3	9	2	8	1	7	5
8	2	7	5	6	1	9	3	4
5	7	6	3	9	2	4	1	8
2	1	9	4	8	5	7	6	3
4	3	8	1	7	6	5	2	9

Puzzle 203

5	8	2	6	4	3	9	7	1
4	9	7	1	8	5	3	6	2
3	6	1	7	9	2	8	5	4
1	7	8	3	6	9	2	4	5
9	4	5	8	2	1	6	3	7
6	2	3	5	7	4	1	9	8
8	1	4	9	5	6	7	2	3
2	3	6	4	1	7	5	8	9
7	5	9	2	3	8	4	1	6

Puzzle 204

7	1	2	5	9	3	6	4	8
8	4	3	1	2	6	5	9	7
6	5	9	7	4	8	2	3	1
5	3	4	2	6	7	8	1	9
1	7	8	3	5	9	4	6	2
2	9	6	4	8	1	7	5	3
9	8	1	6	7	5	3	2	4
4	6	7	9	3	2	1	8	5
3	2	5	8	1	4	9	7	6

Puzzle 205

3	9	6	7	2	4	5	8	1
8	7	5	1	9	3	6	2	4
4	2	1	6	8	5	9	3	7
6	1	3	9	5	7	8	4	2
9	5	7	2	4	8	3	1	6
2	8	4	3	1	6	7	9	5
7	4	8	5	3	1	2	6	9
1	6	2	8	7	9	4	5	3
5	3	9	4	6	2	1	7	8

Puzzle 206

4	5	9	6	8	2	1	7	3
2	3	8	1	7	5	9	4	6
7	1	6	9	3	4	2	5	8
1	4	2	5	6	7	3	8	9
6	8	5	2	9	3	7	1	4
3	9	7	8	4	1	5	6	2
9	7	1	4	2	6	8	3	5
8	6	3	7	5	9	4	2	1
5	2	4	3	1	8	6	9	7

Puzzle 207

6	2	3	1	9	4	8	7	5
5	4	7	6	2	8	1	3	9
9	1	8	5	3	7	2	6	4
1	6	2	3	5	9	7	4	8
3	8	4	7	1	6	5	9	2
7	9	5	8	4	2	3	1	6
2	3	6	4	7	5	9	8	1
8	7	9	2	6	1	4	5	3
4	5	1	9	8	3	6	2	7

Puzzle 208

7	4	3	5	9	2	1	8	6
6	8	9	1	4	3	2	7	5
5	1	2	6	8	7	3	4	9
8	9	5	4	3	1	7	6	2
2	3	6	7	5	9	4	1	8
4	7	1	8	2	6	5	9	3
3	6	4	2	1	8	9	5	7
1	2	8	9	7	5	6	3	4
9	5	7	3	6	4	8	2	1

Puzzle 209

1	3	2	9	7	4	8	5	6
4	9	8	2	6	5	3	1	7
6	7	5	8	1	3	9	4	2
7	6	1	4	9	2	5	3	8
2	5	3	1	8	6	4	7	9
9	8	4	3	5	7	2	6	1
3	1	7	5	2	8	6	9	4
8	4	9	6	3	1	7	2	5
5	2	6	7	4	9	1	8	3

Puzzle 210

1	8	2	9	7	6	5	3	4
3	4	5	1	2	8	7	6	9
7	9	6	3	4	5	2	1	8
4	1	3	2	9	7	6	8	5
8	2	9	6	5	4	3	7	1
6	5	7	8	1	3	9	4	2
2	7	1	4	6	9	8	5	3
5	3	4	7	8	2	1	9	6
9	6	8	5	3	1	4	2	7

Puzzle 211

6	1	3	4	9	2	5	7	8
9	5	4	8	7	6	1	2	3
2	7	8	1	5	3	4	6	9
3	2	7	9	4	1	6	8	5
4	6	9	5	3	8	7	1	2
5	8	1	6	2	7	9	3	4
8	3	5	7	1	4	2	9	6
1	9	6	2	8	5	3	4	7
7	4	2	3	6	9	8	5	1

Puzzle 212

4	7	8	2	1	6	5	9	3
6	9	3	8	4	5	1	7	2
5	2	1	9	7	3	4	6	8
1	5	4	3	6	2	7	8	9
7	3	9	1	8	4	6	2	5
8	6	2	5	9	7	3	4	1
3	8	6	4	5	9	2	1	7
2	1	7	6	3	8	9	5	4
9	4	5	7	2	1	8	3	6

Puzzle 213

8	9	5	3	1	7	6	4	2
1	3	4	6	8	2	9	7	5
7	6	2	5	4	9	1	8	3
6	4	7	9	2	3	8	5	1
3	2	9	1	5	8	4	6	7
5	1	8	4	7	6	3	2	9
4	5	6	2	3	1	7	9	8
2	8	3	7	9	4	5	1	6
9	7	1	8	6	5	2	3	4

Puzzle 214

8	2	4	3	1	6	7	9	5
5	7	3	2	9	4	8	6	1
9	1	6	5	7	8	3	2	4
7	9	5	4	8	1	2	3	6
1	3	8	6	2	5	4	7	9
6	4	2	7	3	9	5	1	8
2	5	9	8	6	3	1	4	7
3	8	1	9	4	7	6	5	2
4	6	7	1	5	2	9	8	3

Puzzle 215

5	1	9	2	6	7	4	8	3
3	8	4	9	5	1	6	2	7
7	2	6	8	3	4	9	1	5
6	9	3	1	4	8	7	5	2
1	4	2	5	7	9	3	6	8
8	7	5	6	2	3	1	9	4
9	3	1	4	8	5	2	7	6
2	5	7	3	9	6	8	4	1
4	6	8	7	1	2	5	3	9

Puzzle 216

1	4	2	8	6	3	5	7	9
6	5	7	2	4	9	3	1	8
3	8	9	1	7	5	6	4	2
7	3	5	4	8	2	1	9	6
2	1	6	9	3	7	8	5	4
4	9	8	5	1	6	7	2	3
5	6	4	7	9	8	2	3	1
9	7	3	6	2	1	4	8	5
8	2	1	3	5	4	9	6	7

Puzzle 217

1	8	4	7	3	5	9	2	6
5	6	9	8	2	1	4	7	3
7	3	2	4	6	9	5	1	8
3	1	6	9	5	2	7	8	4
9	4	7	1	8	6	2	3	5
8	2	5	3	7	4	1	6	9
6	7	1	5	9	8	3	4	2
2	9	3	6	4	7	8	5	1
4	5	8	2	1	3	6	9	7

Puzzle 218

1	9	2	6	3	8	4	7	5
7	6	8	5	4	2	9	3	1
5	3	4	1	7	9	2	6	8
3	2	7	9	6	1	5	8	4
9	4	1	3	8	5	6	2	7
8	5	6	4	2	7	1	9	3
2	8	9	7	5	4	3	1	6
4	7	3	2	1	6	8	5	9
6	1	5	8	9	3	7	4	2

Puzzle 219

3	8	1	4	7	9	2	5	6
2	6	7	3	5	1	4	9	8
5	4	9	2	8	6	7	1	3
8	7	5	1	9	3	6	2	4
9	1	6	7	2	4	3	8	5
4	3	2	8	6	5	9	7	1
6	9	4	5	1	7	8	3	2
7	5	8	6	3	2	1	4	9
1	2	3	9	4	8	5	6	7

Puzzle 220

1	2	7	5	8	4	3	9	6
8	5	9	6	3	2	7	1	4
3	4	6	1	7	9	5	2	8
4	6	1	3	5	8	2	7	9
5	7	8	2	9	6	4	3	1
2	9	3	4	1	7	6	8	5
9	1	2	7	4	5	8	6	3
6	3	5	8	2	1	9	4	7
7	8	4	9	6	3	1	5	2

Puzzle 221

1	7	5	4	2	3	8	9	6
3	2	8	6	9	7	4	1	5
6	4	9	5	1	8	3	2	7
4	6	1	3	7	9	2	5	8
5	9	2	1	8	4	7	6	3
8	3	7	2	6	5	9	4	1
9	8	4	7	5	1	6	3	2
2	5	3	8	4	6	1	7	9
7	1	6	9	3	2	5	8	4

Puzzle 222

3	6	7	4	1	2	5	8	9
2	5	1	9	7	8	6	3	4
8	9	4	5	6	3	7	1	2
4	7	2	1	9	5	3	6	8
5	1	8	3	2	6	9	4	7
6	3	9	8	4	7	1	2	5
9	2	6	7	3	4	8	5	1
7	4	5	6	8	1	2	9	3
1	8	3	2	5	9	4	7	6

Puzzle 223

2	9	6	4	8	3	7	1	5
5	7	4	1	2	6	8	9	3
3	1	8	7	5	9	2	6	4
9	8	3	5	6	7	4	2	1
1	5	7	2	3	4	9	8	6
6	4	2	8	9	1	5	3	7
7	3	1	9	4	2	6	5	8
8	6	9	3	7	5	1	4	2
4	2	5	6	1	8	3	7	9

Puzzle 224

4	7	3	5	2	8	9	6	1
2	8	1	6	9	7	3	4	5
6	5	9	4	1	3	2	7	8
9	3	5	1	7	6	8	2	4
8	6	2	9	5	4	7	1	3
7	1	4	8	3	2	5	9	6
5	2	7	3	4	1	6	8	9
1	9	6	7	8	5	4	3	2
3	4	8	2	6	9	1	5	7

Puzzle 225

4	7	1	5	3	2	8	6	9
2	9	6	8	7	4	1	5	3
8	3	5	6	9	1	2	4	7
5	8	4	2	1	3	9	7	6
7	2	3	9	8	6	5	1	4
1	6	9	4	5	7	3	8	2
3	5	7	1	4	9	6	2	8
9	1	2	7	6	8	4	3	5
6	4	8	3	2	5	7	9	1

Puzzle 226

4	8	6	2	3	7	5	1	9
7	3	9	5	6	1	4	8	2
1	2	5	9	8	4	7	6	3
2	9	7	8	5	3	1	4	6
8	4	1	7	2	6	3	9	5
5	6	3	1	4	9	8	2	7
9	1	4	3	7	2	6	5	8
3	5	2	6	1	8	9	7	4
6	7	8	4	9	5	2	3	1

Puzzle 227

3	7	8	9	4	6	1	2	5
4	1	9	5	8	2	3	7	6
6	2	5	1	7	3	4	9	8
9	4	7	6	2	1	5	8	3
1	5	3	8	9	4	2	6	7
2	8	6	3	5	7	9	1	4
7	3	2	4	6	9	8	5	1
5	6	1	2	3	8	7	4	9
8	9	4	7	1	5	6	3	2

Puzzle 228

7	9	5	8	6	2	3	4	1
8	6	1	4	5	3	9	7	2
2	3	4	9	7	1	5	8	6
1	5	6	2	8	4	7	9	3
4	8	3	1	9	7	6	2	5
9	7	2	6	3	5	8	1	4
5	4	8	3	2	9	1	6	7
6	2	7	5	1	8	4	3	9
3	1	9	7	4	6	2	5	8

Puzzle 229

1	4	9	5	8	3	7	6	2
5	2	6	4	9	7	1	8	3
3	8	7	1	2	6	5	9	4
4	3	2	9	7	1	6	5	8
6	9	5	8	4	2	3	1	7
7	1	8	6	3	5	4	2	9
2	6	3	7	5	9	8	4	1
8	7	1	2	6	4	9	3	5
9	5	4	3	1	8	2	7	6

Puzzle 230

3	9	7	5	1	6	2	4	8
5	4	8	2	7	9	3	1	6
6	1	2	8	3	4	5	7	9
4	5	9	7	2	3	8	6	1
2	6	1	4	9	8	7	5	3
8	7	3	6	5	1	4	9	2
1	3	4	9	8	5	6	2	7
9	2	5	3	6	7	1	8	4
7	8	6	1	4	2	9	3	5

Puzzle 231

6	9	2	7	8	4	3	1	5
1	7	4	5	2	3	8	9	6
3	5	8	6	1	9	7	2	4
8	1	7	9	5	6	2	4	3
9	4	6	2	3	7	5	8	1
2	3	5	8	4	1	9	6	7
5	6	1	3	9	2	4	7	8
7	2	3	4	6	8	1	5	9
4	8	9	1	7	5	6	3	2

Puzzle 232

7	1	6	2	4	3	9	8	5
3	2	8	5	7	9	1	4	6
5	9	4	8	1	6	3	2	7
4	7	3	1	5	2	6	9	8
8	5	2	9	6	4	7	1	3
9	6	1	7	3	8	2	5	4
6	4	9	3	8	1	5	7	2
2	8	7	6	9	5	4	3	1
1	3	5	4	2	7	8	6	9

Puzzle 233

4	8	5	6	1	2	9	3	7
1	9	3	5	7	4	2	8	6
2	6	7	9	3	8	1	4	5
3	7	4	8	5	9	6	1	2
9	2	1	7	6	3	8	5	4
8	5	6	4	2	1	3	7	9
7	4	2	3	8	6	5	9	1
6	3	9	1	4	5	7	2	8
5	1	8	2	9	7	4	6	3

Puzzle 234

5	2	8	6	7	4	9	3	1
7	4	9	3	8	1	2	6	5
6	3	1	5	9	2	4	7	8
4	1	6	7	2	5	8	9	3
8	9	5	1	3	6	7	4	2
3	7	2	9	4	8	1	5	6
9	5	7	2	1	3	6	8	4
1	8	3	4	6	9	5	2	7
2	6	4	8	5	7	3	1	9

Puzzle 235

6	7	3	9	4	1	8	2	5
9	5	8	2	7	3	4	1	6
4	2	1	6	5	8	3	9	7
2	3	5	4	8	6	1	7	9
7	9	4	1	2	5	6	3	8
1	8	6	7	3	9	5	4	2
3	6	9	8	1	2	7	5	4
5	4	2	3	6	7	9	8	1
8	1	7	5	9	4	2	6	3

Puzzle 236

6	7	1	3	8	4	5	9	2
2	9	3	7	5	1	4	8	6
5	8	4	2	9	6	1	3	7
3	4	5	1	2	9	7	6	8
7	2	6	8	3	5	9	1	4
8	1	9	6	4	7	2	5	3
9	3	7	5	6	2	8	4	1
1	5	8	4	7	3	6	2	9
4	6	2	9	1	8	3	7	5

Puzzle 237

8	2	5	7	3	9	4	1	6
9	1	3	6	2	4	5	8	7
7	4	6	1	8	5	3	9	2
6	5	7	3	4	1	9	2	8
1	9	2	8	5	6	7	3	4
3	8	4	2	9	7	6	5	1
5	6	9	4	1	8	2	7	3
2	7	8	9	6	3	1	4	5
4	3	1	5	7	2	8	6	9

Puzzle 238

3	4	6	7	8	5	1	2	9
8	2	7	9	4	1	6	3	5
9	5	1	2	3	6	7	4	8
5	6	3	8	1	2	4	9	7
7	9	2	4	6	3	5	8	1
4	1	8	5	9	7	2	6	3
6	7	4	3	5	8	9	1	2
2	8	9	1	7	4	3	5	6
1	3	5	6	2	9	8	7	4

Puzzle 239

4	1	7	8	3	2	5	9	6
8	6	3	9	4	5	2	7	1
5	9	2	1	7	6	3	4	8
2	8	4	5	9	1	7	6	3
3	5	1	6	8	7	4	2	9
6	7	9	4	2	3	1	8	5
1	4	5	7	6	8	9	3	2
7	2	8	3	5	9	6	1	4
9	3	6	2	1	4	8	5	7

Puzzle 240

9	6	3	2	4	5	8	7	1
7	5	2	1	8	6	9	3	4
8	1	4	9	7	3	2	5	6
5	8	6	7	3	9	4	1	2
1	3	7	4	6	2	5	9	8
2	4	9	5	1	8	3	6	7
6	2	8	3	9	7	1	4	5
3	7	1	8	5	4	6	2	9
4	9	5	6	2	1	7	8	3

Puzzle 241

8	5	2	9	7	4	1	3	6
4	1	3	8	6	5	7	9	2
7	6	9	3	1	2	8	4	5
2	3	5	4	8	1	6	7	9
6	4	1	7	5	9	2	8	3
9	8	7	2	3	6	5	1	4
1	9	4	5	2	7	3	6	8
5	7	8	6	9	3	4	2	1
3	2	6	1	4	8	9	5	7

Puzzle 242

7	6	8	1	9	5	2	3	4
9	1	2	3	7	4	8	5	6
3	4	5	2	6	8	9	7	1
1	9	3	6	5	2	7	4	8
5	7	6	4	8	1	3	9	2
2	8	4	7	3	9	6	1	5
8	5	1	9	2	3	4	6	7
4	3	7	8	1	6	5	2	9
6	2	9	5	4	7	1	8	3

Puzzle 243

3	9	5	4	7	1	8	2	6
7	1	8	2	6	3	5	4	9
6	2	4	9	5	8	3	1	7
2	5	7	6	4	9	1	3	8
4	6	3	1	8	2	7	9	5
9	8	1	5	3	7	2	6	4
5	4	2	8	1	6	9	7	3
8	7	9	3	2	4	6	5	1
1	3	6	7	9	5	4	8	2

Puzzle 244

2	9	1	5	4	6	7	3	8
7	3	4	2	8	9	5	1	6
8	6	5	3	1	7	9	4	2
5	4	9	1	2	3	8	6	7
1	2	6	8	7	5	3	9	4
3	7	8	6	9	4	1	2	5
9	8	2	4	5	1	6	7	3
6	5	7	9	3	2	4	8	1
4	1	3	7	6	8	2	5	9

Puzzle 245

2	1	6	3	9	8	5	7	4
4	7	9	6	2	5	1	3	8
5	3	8	7	1	4	9	6	2
6	9	3	1	7	2	4	8	5
8	4	2	9	5	6	7	1	3
7	5	1	8	4	3	2	9	6
3	2	7	4	8	9	6	5	1
9	6	5	2	3	1	8	4	7
1	8	4	5	6	7	3	2	9

Puzzle 246

5	1	3	9	2	4	7	6	8
8	4	7	3	6	5	2	1	9
9	6	2	1	7	8	4	5	3
4	5	9	8	3	2	1	7	6
6	2	1	4	9	7	3	8	5
7	3	8	6	5	1	9	4	2
2	8	5	7	4	3	6	9	1
1	7	6	2	8	9	5	3	4
3	9	4	5	1	6	8	2	7

Puzzle 247

4	1	9	7	5	2	8	3	6
6	2	5	4	3	8	1	9	7
8	3	7	1	6	9	4	5	2
2	6	4	5	8	7	9	1	3
7	8	3	9	1	6	2	4	5
5	9	1	2	4	3	7	6	8
1	7	8	3	9	5	6	2	4
9	5	2	6	7	4	3	8	1
3	4	6	8	2	1	5	7	9

Puzzle 248

1	2	3	8	4	9	5	7	6
6	8	9	7	5	1	3	2	4
7	5	4	2	3	6	9	8	1
2	4	6	5	1	3	8	9	7
9	3	1	6	7	8	4	5	2
8	7	5	4	9	2	1	6	3
3	9	8	1	2	7	6	4	5
4	1	2	9	6	5	7	3	8
5	6	7	3	8	4	2	1	9

Puzzle 249

2	8	9	4	7	6	1	3	5
5	4	6	3	2	1	9	8	7
7	1	3	5	8	9	4	2	6
6	9	4	7	3	2	8	5	1
3	5	1	8	9	4	7	6	2
8	7	2	6	1	5	3	9	4
9	2	7	1	5	8	6	4	3
4	3	8	2	6	7	5	1	9
1	6	5	9	4	3	2	7	8

Puzzle 250

3	2	5	6	9	8	7	1	4
9	4	8	2	7	1	5	3	6
1	7	6	5	3	4	9	8	2
6	3	9	1	4	7	2	5	8
8	1	2	3	5	6	4	7	9
7	5	4	8	2	9	3	6	1
5	9	1	7	6	2	8	4	3
4	6	7	9	8	3	1	2	5
2	8	3	4	1	5	6	9	7

Puzzle 251

1	8	4	2	3	6	5	9	7
2	5	6	7	9	1	3	8	4
9	7	3	4	5	8	1	6	2
4	3	1	8	2	5	9	7	6
6	9	7	1	4	3	2	5	8
5	2	8	9	6	7	4	3	1
7	1	2	5	8	9	6	4	3
8	6	9	3	1	4	7	2	5
3	4	5	6	7	2	8	1	9

Puzzle 252

1	4	8	3	7	9	6	2	5
3	5	9	8	2	6	4	7	1
2	7	6	5	1	4	9	3	8
4	6	7	2	3	8	5	1	9
8	1	2	9	4	5	3	6	7
9	3	5	1	6	7	2	8	4
7	9	3	6	5	1	8	4	2
5	2	1	4	8	3	7	9	6
6	8	4	7	9	2	1	5	3

Puzzle 253

1	4	8	5	6	9	7	3	2
5	9	7	8	2	3	6	4	1
6	2	3	7	4	1	5	8	9
4	3	5	6	1	7	9	2	8
9	1	2	4	8	5	3	6	7
7	8	6	9	3	2	1	5	4
2	5	1	3	7	8	4	9	6
8	6	9	1	5	4	2	7	3
3	7	4	2	9	6	8	1	5

Puzzle 254

1	6	5	7	4	8	2	3	9
7	3	2	6	9	5	4	8	1
8	9	4	1	3	2	7	5	6
6	2	7	8	5	1	3	9	4
3	8	1	4	2	9	5	6	7
5	4	9	3	7	6	8	1	2
2	7	6	5	1	3	9	4	8
9	5	8	2	6	4	1	7	3
4	1	3	9	8	7	6	2	5

Puzzle 255

4	7	6	2	9	3	8	5	1
3	2	5	1	7	8	9	6	4
1	9	8	4	6	5	2	3	7
8	1	3	7	2	9	5	4	6
9	4	7	3	5	6	1	2	8
6	5	2	8	4	1	3	7	9
5	8	4	9	3	7	6	1	2
2	3	1	6	8	4	7	9	5
7	6	9	5	1	2	4	8	3

Puzzle 256

3	4	7	6	1	5	8	9	2
6	9	1	8	2	4	5	3	7
8	2	5	3	7	9	4	1	6
2	1	3	4	8	7	6	5	9
7	5	8	9	6	1	3	2	4
9	6	4	5	3	2	7	8	1
5	7	9	2	4	8	1	6	3
4	8	6	1	9	3	2	7	5
1	3	2	7	5	6	9	4	8

Puzzle 257

5	1	3	4	8	9	2	7	6
4	9	2	6	7	5	3	8	1
7	8	6	3	1	2	4	5	9
9	5	7	8	6	3	1	4	2
8	6	1	7	2	4	5	9	3
3	2	4	5	9	1	8	6	7
6	4	9	2	3	8	7	1	5
2	7	5	1	4	6	9	3	8
1	3	8	9	5	7	6	2	4

Puzzle 258

7	9	2	8	3	6	1	5	4
5	6	1	2	9	4	3	8	7
3	8	4	7	1	5	6	2	9
6	4	8	5	7	3	2	9	1
9	5	3	6	2	1	7	4	8
2	1	7	9	4	8	5	3	6
4	3	5	1	8	7	9	6	2
8	7	9	3	6	2	4	1	5
1	2	6	4	5	9	8	7	3

Puzzle 259

7	3	9	2	6	4	8	1	5
2	5	4	8	3	1	6	7	9
6	1	8	5	7	9	2	3	4
9	4	7	1	8	3	5	6	2
5	8	6	7	4	2	3	9	1
1	2	3	9	5	6	7	4	8
3	7	1	4	2	5	9	8	6
4	6	5	3	9	8	1	2	7
8	9	2	6	1	7	4	5	3

Puzzle 260

2	8	9	4	6	7	5	1	3
6	1	7	9	5	3	2	4	8
4	3	5	2	1	8	6	7	9
8	5	4	3	9	2	7	6	1
9	6	1	5	7	4	8	3	2
7	2	3	1	8	6	4	9	5
3	4	8	7	2	1	9	5	6
1	9	2	6	4	5	3	8	7
5	7	6	8	3	9	1	2	4

Puzzle 261

9	6	2	7	3	4	1	5	8
7	8	4	1	5	6	9	3	2
3	1	5	8	2	9	4	7	6
5	4	8	2	9	1	3	6	7
6	9	3	5	7	8	2	4	1
1	2	7	6	4	3	8	9	5
8	7	9	4	1	5	6	2	3
4	5	6	3	8	2	7	1	9
2	3	1	9	6	7	5	8	4

Puzzle 262

2	3	9	8	7	4	5	1	6
4	6	7	5	1	2	3	9	8
5	8	1	3	9	6	2	4	7
3	1	4	7	6	8	9	2	5
8	2	6	1	5	9	7	3	4
7	9	5	4	2	3	8	6	1
6	5	3	9	8	1	4	7	2
9	7	2	6	4	5	1	8	3
1	4	8	2	3	7	6	5	9

Puzzle 263

8	7	9	5	4	2	1	6	3
4	3	1	6	8	7	5	9	2
5	2	6	1	9	3	4	8	7
3	5	7	4	6	8	2	1	9
6	9	4	2	1	5	3	7	8
1	8	2	7	3	9	6	5	4
9	4	5	8	2	1	7	3	6
7	6	8	3	5	4	9	2	1
2	1	3	9	7	6	8	4	5

Puzzle 264

8	5	7	9	1	4	3	6	2
6	1	9	3	2	8	4	7	5
2	4	3	6	7	5	1	9	8
7	8	1	2	6	9	5	3	4
9	6	5	1	4	3	2	8	7
3	2	4	8	5	7	6	1	9
1	7	6	5	8	2	9	4	3
4	3	2	7	9	6	8	5	1
5	9	8	4	3	1	7	2	6

Puzzle 265

6	8	5	2	7	1	4	3	9
2	1	9	3	5	4	6	7	8
4	7	3	6	8	9	5	2	1
1	4	2	9	6	8	3	5	7
7	9	6	5	2	3	1	8	4
5	3	8	4	1	7	2	9	6
9	5	1	7	4	2	8	6	3
8	6	7	1	3	5	9	4	2
3	2	4	8	9	6	7	1	5

Puzzle 266

5	9	6	1	4	2	7	3	8
4	3	8	7	6	9	1	5	2
2	7	1	5	8	3	6	4	9
8	4	2	9	3	1	5	6	7
6	1	9	8	7	5	4	2	3
3	5	7	4	2	6	8	9	1
7	8	3	6	9	4	2	1	5
1	2	4	3	5	7	9	8	6
9	6	5	2	1	8	3	7	4

Puzzle 267

9	8	3	1	6	2	4	7	5
5	6	7	9	8	4	2	3	1
1	4	2	7	3	5	9	6	8
7	3	4	8	2	1	5	9	6
6	9	1	5	4	3	8	2	7
8	2	5	6	9	7	3	1	4
3	5	8	2	7	6	1	4	9
4	7	9	3	1	8	6	5	2
2	1	6	4	5	9	7	8	3

Puzzle 268

6	7	5	9	3	4	2	8	1
4	8	9	7	1	2	5	3	6
2	1	3	6	5	8	7	4	9
5	3	8	1	6	9	4	2	7
1	6	4	3	2	7	8	9	5
7	9	2	4	8	5	6	1	3
3	4	6	8	7	1	9	5	2
9	5	1	2	4	6	3	7	8
8	2	7	5	9	3	1	6	4

Puzzle 269

6	1	2	4	8	3	7	9	5
9	4	7	1	6	5	2	8	3
3	8	5	7	2	9	4	6	1
8	7	6	2	5	1	9	3	4
5	9	1	8	3	4	6	7	2
2	3	4	6	9	7	1	5	8
1	5	9	3	4	6	8	2	7
4	2	3	9	7	8	5	1	6
7	6	8	5	1	2	3	4	9

Puzzle 270

3	2	4	7	1	5	9	6	8
8	5	1	9	3	6	7	2	4
7	9	6	2	4	8	1	3	5
5	1	3	8	2	4	6	7	9
2	4	9	6	7	1	5	8	3
6	8	7	3	5	9	4	1	2
4	3	5	1	8	7	2	9	6
1	6	2	5	9	3	8	4	7
9	7	8	4	6	2	3	5	1

Puzzle 271

5	9	2	7	3	4	1	6	8
7	8	4	6	5	1	3	9	2
6	1	3	2	8	9	7	5	4
3	7	8	9	2	6	5	4	1
1	5	9	3	4	8	6	2	7
4	2	6	5	1	7	8	3	9
8	6	1	4	9	5	2	7	3
9	3	7	8	6	2	4	1	5
2	4	5	1	7	3	9	8	6

Puzzle 272

6	9	4	7	3	2	5	8	1
3	7	5	4	1	8	9	6	2
8	2	1	9	6	5	3	4	7
7	1	6	5	8	9	4	2	3
2	5	3	1	4	6	8	7	9
9	4	8	2	7	3	1	5	6
4	6	7	8	9	1	2	3	5
1	8	2	3	5	7	6	9	4
5	3	9	6	2	4	7	1	8

Puzzle 273

3	6	5	8	2	1	9	7	4
7	9	1	5	6	4	8	3	2
8	4	2	3	7	9	1	5	6
4	3	7	6	9	8	2	1	5
1	2	8	4	5	3	6	9	7
9	5	6	2	1	7	3	4	8
5	1	9	7	8	2	4	6	3
2	7	4	1	3	6	5	8	9
6	8	3	9	4	5	7	2	1

Puzzle 274

9	1	5	3	4	7	6	2	8
7	6	2	8	9	5	3	4	1
4	3	8	1	2	6	7	9	5
1	2	7	4	8	3	9	5	6
6	4	3	2	5	9	1	8	7
8	5	9	6	7	1	4	3	2
5	8	1	7	3	4	2	6	9
3	9	6	5	1	2	8	7	4
2	7	4	9	6	8	5	1	3

Puzzle 275

7	6	2	9	1	5	4	3	8
4	8	9	7	3	6	2	5	1
1	5	3	2	4	8	9	7	6
8	9	6	5	7	2	3	1	4
2	4	1	3	6	9	7	8	5
5	3	7	1	8	4	6	2	9
9	2	4	8	5	3	1	6	7
6	7	5	4	2	1	8	9	3
3	1	8	6	9	7	5	4	2

Puzzle 276

8	5	4	3	2	7	1	6	9
9	1	7	5	6	4	3	2	8
6	2	3	9	1	8	7	4	5
1	4	5	2	7	3	9	8	6
2	7	9	8	4	6	5	3	1
3	8	6	1	9	5	2	7	4
7	9	8	4	3	1	6	5	2
4	6	1	7	5	2	8	9	3
5	3	2	6	8	9	4	1	7

Puzzle 277

8	3	4	6	5	2	7	9	1
2	1	6	7	9	8	4	3	5
9	5	7	1	4	3	2	8	6
3	9	8	5	1	7	6	4	2
4	2	5	3	6	9	8	1	7
7	6	1	8	2	4	9	5	3
1	7	9	2	8	5	3	6	4
6	4	3	9	7	1	5	2	8
5	8	2	4	3	6	1	7	9

Puzzle 278

5	6	8	2	4	9	3	1	7
9	7	3	5	1	8	2	4	6
1	2	4	7	6	3	9	5	8
3	1	5	9	8	2	7	6	4
6	8	2	4	3	7	5	9	1
7	4	9	1	5	6	8	2	3
2	9	6	8	7	4	1	3	5
4	5	7	3	2	1	6	8	9
8	3	1	6	9	5	4	7	2

Puzzle 279

3	6	9	1	8	5	7	2	4
2	8	4	3	7	6	5	1	9
1	5	7	4	2	9	3	6	8
9	1	8	6	4	7	2	5	3
6	2	3	9	5	8	4	7	1
7	4	5	2	3	1	8	9	6
4	3	6	7	1	2	9	8	5
5	9	2	8	6	3	1	4	7
8	7	1	5	9	4	6	3	2

Puzzle 280

6	9	8	3	4	5	7	2	1
4	7	3	1	2	9	8	5	6
5	1	2	6	8	7	3	9	4
1	3	5	8	6	4	9	7	2
7	8	4	5	9	2	1	6	3
2	6	9	7	1	3	5	4	8
9	5	6	2	3	1	4	8	7
3	2	7	4	5	8	6	1	9
8	4	1	9	7	6	2	3	5

Puzzle 281

5	2	4	3	1	9	7	6	8
7	3	8	2	6	5	4	1	9
1	9	6	4	8	7	3	2	5
4	5	1	7	3	6	8	9	2
3	6	2	8	9	1	5	7	4
8	7	9	5	2	4	1	3	6
6	1	7	9	4	8	2	5	3
9	4	3	1	5	2	6	8	7
2	8	5	6	7	3	9	4	1

Puzzle 282

5	3	6	8	4	7	2	9	1
2	7	1	3	9	5	6	4	8
9	4	8	1	6	2	5	7	3
1	2	4	9	8	6	3	5	7
8	5	7	4	2	3	1	6	9
6	9	3	7	5	1	8	2	4
7	6	9	2	3	8	4	1	5
4	8	5	6	1	9	7	3	2
3	1	2	5	7	4	9	8	6

Puzzle 283

5	7	9	4	2	8	6	3	1
4	2	6	1	7	3	5	8	9
8	3	1	5	9	6	7	2	4
3	4	2	6	1	9	8	7	5
1	6	7	8	3	5	4	9	2
9	8	5	2	4	7	1	6	3
7	1	4	3	8	2	9	5	6
2	5	8	9	6	1	3	4	7
6	9	3	7	5	4	2	1	8

Puzzle 284

4	5	3	6	7	9	8	1	2
9	8	7	2	1	5	4	6	3
2	1	6	8	4	3	9	7	5
3	4	5	7	9	8	1	2	6
7	6	1	4	5	2	3	9	8
8	2	9	3	6	1	7	5	4
5	9	4	1	3	6	2	8	7
6	7	8	9	2	4	5	3	1
1	3	2	5	8	7	6	4	9

Puzzle 285

9	4	2	1	6	8	3	7	5
3	5	1	2	9	7	8	4	6
8	6	7	5	4	3	2	1	9
5	2	3	6	7	1	4	9	8
6	8	4	9	3	5	7	2	1
1	7	9	8	2	4	5	6	3
2	3	6	7	8	9	1	5	4
4	9	5	3	1	2	6	8	7
7	1	8	4	5	6	9	3	2

Puzzle 286

7	5	2	3	1	8	4	9	6
1	3	6	4	9	7	5	8	2
9	4	8	2	5	6	7	3	1
5	9	4	6	3	1	2	7	8
2	8	1	7	4	5	3	6	9
6	7	3	9	8	2	1	5	4
4	1	5	8	6	3	9	2	7
8	2	9	5	7	4	6	1	3
3	6	7	1	2	9	8	4	5

Puzzle 287

8	6	4	9	2	1	5	7	3
7	1	5	6	8	3	2	4	9
2	9	3	4	7	5	6	1	8
4	5	8	2	3	7	1	9	6
6	2	1	5	9	8	4	3	7
9	3	7	1	4	6	8	2	5
3	4	2	8	5	9	7	6	1
1	8	9	7	6	4	3	5	2
5	7	6	3	1	2	9	8	4

Puzzle 288

1	3	6	9	4	5	8	7	2
7	9	5	8	3	2	6	4	1
4	2	8	6	1	7	3	9	5
6	7	3	2	5	9	4	1	8
8	5	2	1	6	4	9	3	7
9	1	4	7	8	3	5	2	6
2	4	1	5	9	8	7	6	3
3	8	7	4	2	6	1	5	9
5	6	9	3	7	1	2	8	4

Puzzle 289

6	1	7	2	3	4	5	9	8
9	3	5	8	1	7	4	6	2
8	2	4	5	9	6	3	1	7
1	8	3	9	6	2	7	4	5
7	4	9	1	5	3	8	2	6
2	5	6	7	4	8	1	3	9
3	7	1	6	8	9	2	5	4
5	9	8	4	2	1	6	7	3
4	6	2	3	7	5	9	8	1

Puzzle 290

9	2	8	4	1	6	3	5	7
7	5	1	2	3	9	6	8	4
6	4	3	8	7	5	9	2	1
4	9	7	6	8	3	2	1	5
8	3	5	9	2	1	4	7	6
2	1	6	5	4	7	8	3	9
5	8	4	7	6	2	1	9	3
3	6	9	1	5	8	7	4	2
1	7	2	3	9	4	5	6	8

Puzzle 291

9	6	7	3	1	5	2	8	4
1	5	2	8	4	7	9	6	3
4	3	8	6	2	9	1	5	7
6	7	1	4	5	8	3	2	9
3	2	5	9	7	6	4	1	8
8	4	9	2	3	1	5	7	6
2	1	3	7	8	4	6	9	5
7	9	4	5	6	2	8	3	1
5	8	6	1	9	3	7	4	2

Puzzle 292

5	8	3	1	9	4	6	7	2
2	9	7	6	3	5	1	4	8
1	6	4	7	8	2	5	3	9
8	4	5	3	2	1	9	6	7
9	1	2	5	6	7	3	8	4
7	3	6	9	4	8	2	1	5
4	5	8	2	1	3	7	9	6
6	7	1	8	5	9	4	2	3
3	2	9	4	7	6	8	5	1

Puzzle 293

7	3	2	1	9	8	4	6	5
4	9	6	7	5	3	2	8	1
5	1	8	4	2	6	7	9	3
9	5	7	3	8	1	6	2	4
2	6	3	9	4	5	1	7	8
8	4	1	6	7	2	3	5	9
1	7	9	8	6	4	5	3	2
6	2	4	5	3	9	8	1	7
3	8	5	2	1	7	9	4	6

Puzzle 294

2	8	9	3	1	7	6	4	5
3	4	6	5	8	2	9	7	1
5	1	7	4	9	6	2	3	8
1	2	8	9	5	4	3	6	7
9	6	5	7	3	1	8	2	4
7	3	4	6	2	8	1	5	9
6	7	1	2	4	9	5	8	3
4	9	3	8	6	5	7	1	2
8	5	2	1	7	3	4	9	6

Puzzle 295

8	4	7	1	2	3	9	5	6
1	6	9	8	4	5	3	2	7
3	5	2	7	9	6	4	1	8
7	2	5	4	6	9	1	8	3
6	8	3	5	1	2	7	9	4
9	1	4	3	8	7	2	6	5
2	9	8	6	3	4	5	7	1
4	7	6	9	5	1	8	3	2
5	3	1	2	7	8	6	4	9

Puzzle 296

7	6	1	4	3	5	8	9	2
4	2	5	8	9	6	1	7	3
8	9	3	7	1	2	6	5	4
2	3	7	6	4	1	9	8	5
5	4	9	2	8	7	3	1	6
6	1	8	3	5	9	4	2	7
3	7	4	1	2	8	5	6	9
1	5	6	9	7	3	2	4	8
9	8	2	5	6	4	7	3	1

Puzzle 297

1	4	2	3	8	6	5	7	9
6	9	7	4	2	5	1	8	3
3	5	8	7	9	1	6	4	2
9	7	4	6	5	3	2	1	8
2	6	1	8	7	9	3	5	4
5	8	3	1	4	2	9	6	7
7	3	5	9	1	8	4	2	6
8	2	9	5	6	4	7	3	1
4	1	6	2	3	7	8	9	5

Puzzle 298

9	3	7	8	4	2	1	5	6
4	5	8	6	1	9	2	7	3
2	1	6	3	5	7	9	8	4
5	4	2	7	3	1	6	9	8
8	9	3	5	2	6	4	1	7
7	6	1	4	9	8	5	3	2
6	7	5	1	8	4	3	2	9
1	8	9	2	6	3	7	4	5
3	2	4	9	7	5	8	6	1

Puzzle 299

9	2	4	8	6	1	3	5	7
5	7	1	3	9	4	6	8	2
8	3	6	7	2	5	1	9	4
4	1	7	5	3	9	8	2	6
2	8	3	1	4	6	9	7	5
6	5	9	2	7	8	4	1	3
7	9	5	6	1	3	2	4	8
1	6	8	4	5	2	7	3	9
3	4	2	9	8	7	5	6	1

Puzzle 300

4	8	6	1	7	2	9	5	3
5	7	1	6	9	3	8	2	4
9	3	2	8	5	4	6	1	7
2	1	8	9	4	7	5	3	6
7	5	4	3	8	6	1	9	2
6	9	3	5	2	1	4	7	8
8	2	9	7	6	5	3	4	1
3	4	5	2	1	8	7	6	9
1	6	7	4	3	9	2	8	5

www.ingramcontent.com/pod-product-compliance
Lightning Source LLC
Chambersburg PA
CBHW082252090125
20171CB00015B/1413
9798711841326